ドラッカーが教える
最強の後継者の育て方

トップマネジメント株式会社
代表取締役
山下 淳一郎

組織を存続させ、事業を継続する。そのために、〝後継ぎ〟をどう育てるか。
これが、本書のテーマです。

まえがき

こんにちは。山下です。

この本は、後継者の育成に、何らかの課題をお感じになられている、会長や社長に向けて書いたものです。あなたは次のうち、いくつ当てはまるでしょうか？


「後継者のことは言われなくてもわかっている。私は100歳まで現役だ。」

「後継者を誰にするか何も決まっていない。」

「うちには、組織全体を見て、会社の将来を考える人間は誰もいない。」

「後継者の育成について、何も取り組んでいない。」

「この会社の経営をいつ誰にどうやって引き継げばいいか不安だ。」


これらは実際に、会長や社長からお聞きした言葉です。ドラッカーは、**「自らを存続させられない組織は失敗である。したがって、明日のマネジメントを担うべき人材を今日準備しなければならない。」**と言っています。

世界で初めて経営の承継を取り上げたドラッカーは、後継者育成の原理原則と、トップが後継者に果たすべき役割を教えてくれています。

翻って。後継者を勉強会やセミナーに参加させ、どんなに経営を学ばせたとしても、知識の習得やスキルの向上だけでは絶対に解決しようのない、**「後継者の育成がうまくいかない9つの原因」**があります。あなたが、後継者の育成に取り組んだとしても、あなたの努力は、その9つによって完全に打ち消されてしまいます。この本を読むと、**「後継者の育成がうまくいかない9つの原因」**がわかり、「すべきこと」と「すべきでないこと」が明らかになります。

本書のねらいは、御社の永続です。後継者を育成する目的は、トップが引退するためではありません。組織を存続させるためです。本書は、「後継者の育成」に焦点を絞って、その具体的な実践方法をお伝えしています。

御社が後継者の育成に成功し、次の時代に向けて、さらに繁栄されることを心より願っております。

山下　淳一郎

目次

CHAPTER 1

第1章　トップの責任を担う者を育成する

CHAPTER 2

第2章 後継者の育成とは経営チームをつくること

CHAPTER 3

第3章 後継者の育成がうまくいかない9つの原因

CHAPTER 4

第4章 経営の承継7つの要諦

第5章 世代交代のマネジメント

CHAPTER 1

第1章

トップの責任を担う者を育成する

組織は、やがてトップの責任を担うべき者を
育成しなければならない。

ピーター・ドラッカー『企業とは何か』

01 孫さんのトップ続投宣言

トップに引退はない

人生100年時代。

トップの働き方もすっかり変わりました。もう、トップに引退はありません。トップは役割を変えながら、何らかの形で、会社に関わり続けることになります。

ソフトバンクグループの孫さんは、かねてから、

「私は60歳で後継者にバトンを渡す」

と言っていました。そして、米国のグーグルからニケシュ・アローラ（48）という人を引き抜き、彼を自分の後継者に指名しました。ところが、当時59歳の孫さんは、

「あと1年で60歳という年齢になって急にさみしくなった。あと10年は社長を続けたい。」

そう言って社長退任を撤回し、トップ続投宣言をしました。後継者にバトンを渡すということはそれほど難しい決断だということですね。

ドラッカーはこう言っています。

仕事オンリーでは、会社だけが人生であるために会社にしがみつく。空虚な世界へ移るという恐ろしい退職の日を延ばすために、若い人たちの成長の妨げになってでも自らを不可欠の存在にしようとする。（『現代の経営』）

ドラッカーは、社長を責めているのではありません。〝後継にバトンと渡すということは、空虚な世界へ移る恐ろしい退場などと勘違いせず、主戦場で戦う役目は若手に任せ、自分は役割を変えて活躍していこう〟、と言っているのです。

社長とは「役職」ではなく「生き方」

社長に定年はありません。もちろん、あなたの会社には何らかの決まりはあると思います。しかし、会社で社長の定年を決めていたとしても、その決まりはあってないようなものです。社長がその決まりを守らなくても、社長を叱れる人は誰もいないからです。

「社長、もうお年なので、そろそろ引退された方がいいんじゃないですか」と言える人は誰もいません。オーナー企業であれば社長は何歳になっても、社長を続けることができます。

一部上場企業であっても、70歳の社長で「あと10年は頑張る！」とおっしゃる方もいらっしゃいましたし、80歳を超えているのに、後継者のことを考えず、まるで40代のように、バリバリ仕事をしている社長様もおりました。

そんな社長も、いつか後進に譲らなければならないことくらいは、いちいち人から言われなくてもわかっています。企業戦士として、人生を賭けて仕事をやってきた社長にとっては、仕事こそ人生のすべてです。趣味は〝自己満足〟の世界です。しかし、仕事は〝自己実現〟の世界です。人のお役に立てている喜びがあります。社長とは「役職」ではなく「生き方」なのです。社長が、社長という「生き方」から離れられないのは、当然のことです。

大企業と中小企業の共通の課題

「私は健康だし、まだまだやれる」

そうおっしゃる90代の社長もおられます。しかし、どんなに健康で、どんなに頭脳明晰な方であっても、人間である以上、年齢とともに判断力の鋭さは衰え、やがて行動力も弱くなっていくのは当然です。トップの能力の変化によって、業績に悪影響が及ばないようにすることは、トップの重要な責任の一つです。では、どうすればいいのでしょうか。

ドラッカーはこう言っています。

組織は、やがてトップの責任を担うべき者を育成しなければならない。（『企業とは何か』）

事業を継続させるために、経営者は後継者を育成しなければなりません。それは、大企業と中小企業の共通の課題です。大きい会社であっても、後継者を育成しなければ後継者は育ちませんし、中小企業であっても、後継者を育てれば後継者は出てきます。「うちの会社は大きいから」、「うちの会社は小さいから」ということはまったく関係ありません。問題は、「大きい会社だから、小さな会社だから」ではなく、「後継者を育てるか、育てないか」です。

絶対に避けたい〝5つの最悪〟と早くから後継者を育成する〝5つのメリット〟

トップは、引退したいわけでもないのに、自分の引退を強制的に考えさせられます。そして、人からは、「後継問題はどうお考えですか」と聞かれます。トップとして、いい気持ちがしないのは当然です。しかも、締め切り間際の一夜漬けのように、後継者の育成をスタートするために、次の5つの障害にぶつかります。

トップなら絶対に避けたい5つの最悪

1．後継者と考えが分かち合えていないことが、後になってわかった。
2．後継者は失敗の経験がなかったため、一度の失敗で潰れてしまった。
3．社長を交代したあとに問題が起こり、後継者が社長不適格者であるとわかった。
4．後継者を信頼する部下がいないため、組織は疲弊し、事業は停滞した。
5．景気が後退し、業績が低迷した最悪のタイミングで社長を交代した。

後継者の育成を早めにスタートすれば、次の通り、5つのメリットがあります。

早くから後継者を育成する5つのメリット

1．トップと同じ汗をかくことで、後継者と考えをより共有することができる。
2．後継者に、失敗という貴重な経験を積ませてあげることができる。
3．焦ることなくじっくりと、後継者の適性や能力を見極めることができる。
4．後継者自身が、自分の力で、自分の協力者をつくれる時間的余裕がある。
5．業績や市場の動向を踏まえ一番いいタイミングで世代交代することができる。

御社の経営がすべてうまくいきますように。

そんな想いを込めてお伝えします。後継者の育成は5年から10年かかります。「いつか育成しよう」を「今から育てよう」に切り換え、後継者の育成をスタートしましょう。具体的にどうすればいいか、これからお伝えしてまいります。

POINT

- **人生100年時代、トップに引退はなく、何らかの形で組織に関わり続ける。**
- **早いうちから後継者の適性や能力を見極め、後継者を育成していくことが必要。**
- **会社が大きいか小さいかは関係ない、後継者を育てるか、育てないか。**

02 トップは引退せず後継者のメンターとなる

教わることと学ぶことは違う

「授人以魚　不如授人以漁」

これは中国の思想家、老子の言葉です。「その人に魚を与えれば一日はしのげるが、魚釣りを教えればその人は一生食べていける」という意味で、メンターとしてのあり方を示すものとして、古来より言い伝えられています。そう信じていましたが、諸説あるようです。

アメリカ人と中国人の間に生まれた中国人の友人がいます。その彼は、英語、中国語、日本語が話せます。「この言葉の本当の意味を聞くのは彼が適任だ」と思い、その彼に、

その言葉の本当の意味を聞いてみました。すると、彼が言うには、

「日本では中国の諺《ことわざ》と思われているみたいですが違います。出典はアメリカです。“Give a man a fish and you feed him for a day; teach a man to fish and you feed him for a lifetime.”です。与えれば○○、教えれば○○、って、かなり上から目線じゃないですか（笑）。日本ではそんな意味として使われているんですか。魚と釣りはただの例えです。本来の意味は全然違います。人から教わることと、自分で学ぶことの違いを区分しつつ、日々の積み重ねの中で力が付いていく、ということを言っているんです。」

と、意外な答えが返ってきました。彼は両親に確認したというので、きっと彼の言う通りなのでしょう。私はかえって混乱しました。人から教えてもらおう（魚をもらおう）と思った自分を反省し、自分で学ぼう（魚釣り）と思い直しました。彼はそんなことを、それとなく教えてくれたのだと思います。彼は素晴らしい私のメンターです。

だから、後継者にはメンターが必要

人から教わることと、自分で学ぶことの違いについて、ドラッカーはこう言っています。

成果をあげることは学ぶことはできるが、教わることはできない。つまるところ、成果をあげることは教科ではなく修練である。（『経営者の条件』）

ここでいう、「教科」とは「教わる」という意味です。「修練」とは「トレーニング」のことで、日々の積み重ねです。**〝何かを教わったからと言って、ぱっとできるようになるのではなく、日々の積み重ねの中でできるようになっていく〟**という意味です。

社長のあなたも、社長の力を身に付けてから、社長になったのではないはずです。いろいろな本を読んだり、いろいろなセミナーで学びつつも、日々の積み重ねの中で、社長に必要な力を身に付けてこられたことと思います。そうして、成果をあげてこられたことと思います。それは後継者も同じです。後継者に必要な力は、その方が社長になってから、身に付けていきます。あなたの後継者も、いろいろな本を読んだり、いろいろなセミナーで学びつつ、日々の仕事の中で力を付けていかれます。

だからこそ、後継者にはメンターが必要なのです。

世代交代は引退ではなく、メンターとして継続的に関わり続けること

後継者の育成、経営承継、世代交代という種類の言葉を聞くと、つい「もう自分の時代は終わったのかぁ」と思い、引退を連想してしまいがちですが、けっして、そうではありません。

何のための後継者の育成か。それは「組織を存続させるため」です。何のための経営承継か。それは「事業を継続させるため」です。「あなたが引退するため」ではありません。社長にとって節目とは、「仕事から離れること」ではなく、「役割を変えること」にすぎません。

ドラッカーはこう言っています。

65歳の定年退職が間違っていることは、誰の目にも明らかである。今日の65歳定年は、まったく健康で元気な人たち、能力も意欲もある人たちをゴミ箱に捨てているようなものである。これからの時代においては、人生も仕事も、65歳から再スタートするという事実を受け入れなければならない。（『変貌する経営者の世界』）

株式会社ファーストリテイリングの代表取締役会長兼社長、柳井正さんは、

「僕は65歳で引退したいと考えていましたが、創業者なので、引退はできないと思っています。アメリカの取締役会の議長みたいな立場で、社長や役員の選任や評価に専念したい。」

と言っています。柳井さんは、「仕事から離れる」のではなく、「役割を変えていく」と言っていますね、その役割が、柳井さんのメンターとしてのあり方なのでしょう。あなたも後継者のメンターとして、後継者とどう関わり続けるか、あなたのメンターとしてのあり方を見出してください。

たとえて言えば、ハリウッド映画の『スターウォーズ』に登場する、ヨーダとルーク・スカイウォーカーのような関係でしょうか。あなたの後継者に、〝御社のフォース〟を伝授していってあげてください。

POINT

- **世代交代は引退ではなく、メンターとして継続的に関わり続けること。**
- **後継者育成はトップが引退するためではない。**
- **トップは後継者のメンターとして継続的に関わり続ける。**

03

トップしかできない 新旧交代の決断

新旧交代は気を使う

「藩を動かすのは人である。」

こう言ったのは、江戸時代の中期に活躍した大名で、破綻寸前の米沢藩を見事に建て直した名藩主、上杉鷹山《うえすぎようざん》です。現代風に言い換えれば、彼は組織を改革し、倒産寸前の会社を見事に建て直した名経営者です。

上杉鷹山が、当時、組織を再建するために必要としていたのは、藩という大きな組織を引っ張っていってくれる人材でした。ところが、当時の藩の重役として、ズラリと並んでいるのはすべて、ただ誠実で人の好い、しかし、仕事に対する姿勢は、「休まず・遅れず・

仕事せず」の人で、書類いじりをしていれば幸せ、という「事なかれ主義の人たち」でした。組織の上層部にこのような人たちがいれば、組織は絶対に良くなるはずがありません。

藩の重役とは、現代風に言い換えれば、会社の取締役です。上杉鷹山は、居丈高に役職の高さにあぐらをかき、汗も出さない、手も汚さない、そんな取締役に頭を悩ましていました。

上杉鷹山は、藩の将来を憂い、組織の再建のために、心を奮い立たせ、周囲が驚くような大胆な改革に打って出ました。それはまさに、会長のあなたが、あるいは、社長のあなたが、「これからやりたい」と思っていることと同じことかもしれません。

藩を動かすのは人である。それを現代風に言い換えれば、「会社を動かすのは人である」という意味です。ここでいう人とは、噛み砕いていえば、「会社にとって今必要なことは何か」「今何をすべきか」を理解し、それを実行できる人のことです。好むと好まざるに関わらず、新旧交代の時は必ずやってきます。

3種類の取締役

今このページをお読みのあなたの会社は、何人の役員がいるでしょうか。ソニーの創業者、盛田昭夫さんは、社長を除いた役員を、次のように3つに分類しました。

1. 将来、社長になり得る人
2. 社長になれなくても、会長、社長を補佐し、経営チームの一躍を担える人
3. 会社の発展のために挑戦することはなく、現状維持志向のままでいる人

1番目の人と2番目の人は、「これからが勝負」という人ですね。

世代交代のタイミングが迫りつつある時に、会長や社長の頭を悩ませるのは、3番目の人です。さきほど紹介した、米沢の名藩主、上杉鷹山を悩ましたのも3番目の人です。時代は変わっても、トップに立つ人が直面する試練は変わらないのですね。

世代交代の局面にあって、会長や社長は、3番目の高齢の役員に対して、どう向かい合

えばいいのでしょうか。
ドラッカーはこう言っています。

高齢の役員は、ラインの長ではなく、独立して行える仕事、専門家として大きな貢献ができる仕事、助言、教育、基準の設定、紛争の解決などの仕事に移るべきである。マネジメントの仕事を行わせるべきではない。（『マネジメント・フロンティア』）

事業上の重要な決定を行う仕事からは切り離す、ということですね。けっして、「冷酷になれ」ということではありません。**「新旧交代すべきタイミングから目を背けてはいけない」**ということです。

1997年、ユニクロは創業以来、はじめて成長の壁にぶつかりました。新しい業態で出した30以上の店舗は1年経たずして全店閉鎖に追い込まれ、3年連続赤字となりました。世間では、「ユニクロ限界説」がささやかれました。

「この停滞期を脱し、次の飛躍へと進んでいくには思い切った決断が必要だ」、そう考えた柳井さんは、現状維持志向のままでいる役員の入れ替えを断行しました。柳井さんは、取締役7人中、5人を入れ替えたのです。

新旧交代の時はいつか必ずやってきます。そのとき、トップはそれを断行しなければなりません。トップしかできない新旧交代の決断に迫られるのは、避けて通れないことはトップの宿命です。

トップは衛星で地球を見るように会社全体のことを見ています。トップしか見えないものがあります。そして、トップしかできない決断こそ、あなたの仕事です。

POINT

- **人材の配置は致命的に重要な決定である。**
- **現状維持志向のままでいる役員は入れ替える。**
- **新旧交代の決断に迫られるのは避けて通れないことはトップの宿命。**

04 誰をトップにするか

誰をトップにするかですべてが決まる

「字の読めない子どもがシカゴの南部にいるのなら、その子がたとえ私の子どもでなくても、放ってはおけない。薬代が払えず、薬か家賃かを選ばなければならないご老人がいれば、たとえその人が私の親でなくても、私の人生は貧しい。」

これは、アメリカ合衆国のオバマ元大統領が言った言葉です。誰かの子供を自分の子供のように考えよう。その子供の悲痛を自分の悲痛と捉えよう。見ず知らずのご老人を自分のお爺ちゃんやお婆ちゃんとして考えよう。

〝もう争いはやめにして、われわれは一つになろう〞、彼は世界にそう呼びかけたのです。

２００９年年1月20日、オバマ政権が誕生しました。オバマ政権の誕生でアメリカ、そして世界は大きく変わりました。今からお話することは、政治の話ではありません。組織のトップがどれほど組織に大きな影響を与えるか。世代交代は、誰をトップにするかですべてが決まります。そんなお話です。政治の話ではありませんので、安心してこのまま読み進めてください。

ブッシュ前大統領は、２００1年に起きた同時多発テロをきっかけに、世界を「敵と味方」に二分し、「味方でないものは敵」と見なす方針を打ち出しました。同時多発テロを指揮したとされる、オサマ・ビンラディンが隠れている所を知るや、アメリカはその地域を攻撃し、その国の政権までも破壊しました。ブッシュ前大統領は、地球温暖化対策に反対の姿勢を示しました。また、ミサイル防衛システムを配備しようとして、ロシアと激しく対立し、「第二次冷戦」を生み出してしまいました。

オバマ政権は、ブッシュ前大統領が残した負の遺産の後始末から始めることとなりました。地球温暖化対策に取り組み始め、ロシアと核軍縮を進展させ、イランの核開発を押しとどめるために周辺国となるべく仲良くする努力をし、「自分の国さえ良くなればいい」という考えから一転、「多くの国と共に豊かになっていこう」という道を拓きました。目に見える派手な変化は変化ではないことが多く、目に見えない地味な変化こそ本当の変化です。オバマ政権は地味に見えながら、本当の変化を起こしたと言えるでしょう。

一国の大統領が交代するだけで、世界の状況はこれほどまでに変わるものなのか、というくらい世界は大きく変わりました。この点は賛否両論あると思いますので、この事例はこれくらいにしておきましょう。

一つの大きな国でさえ、誰がトップになるかで、その国は大きく変わります。同じように、大きな会社も誰がトップになるかで、その会社は大きく変わります。小さな会社であればなおのことです。

ドラッカーは、トップの承継についてこう言っています。

やり直しのきかない最も難しい人事がトップの承継である。それはギャンブルである。トップとしての仕事ぶりは、トップをやらせてみなければわからない。トップへの準備は、ほとんど行いようがない。（『非営利組織の経営』）

ドラッカーは、「トップはやらせてみなければわからないから考えても仕方ない」と言っているわけではありません。「トップの承継は難しいからしっかり取り組みましょう」と言っているのです。

トップの跡を継いだとたん仕事ができない人がいる

ある企業でこんなことがありました。

長年、ナンバー・ツーとして活躍してきた方がいました。その方は、社長を支え、名参謀として、その強みを発揮してきました。そのナンバー・ツーの方が、四代目の跡を継ぎ、五代目の社長に就きました。

ところが、その方がトップになったとたん、物事が進まなくなりました。意思決定することが重荷なのか、とにかく何も意思決定しないために、ほかの役員は、「社長は決めなければならない事を自分で抱えたまま、何も決めずに先延ばしするんです。毎度のことで困っています。なんとかならないもんですかねー。」

役員はそう言い、常にイライラしていました。

トップに意思決定を拒まれてしまえば、どうすることもできません。かといって、そのままでは、事業の成長は失速するばかりです。

ドラッカーはこう言っています。

ナンバー・ツーとして活躍していたが、トップになったとたん挫折する人がいる。トップの座には、意思決定を行う能力が必要である。強力なトップは、信頼できる助力者としてナンバー・ツーを必要とする。ナンバー・ツーは、ナンバー・ツーとして最高の仕事をする。ところが、トップに起用されたとたん、仕事ができなくなる。意思決定すべきことは理解している。しかし、意思決定の重荷を得ない。（『明日を支配するもの』）

まさに、ドラッカーと言っていることがそのまま、その会社で起こっていました。

私の役目は、「社長の助けになること」です。社長の不得意な仕事を押し付けることは得策ではないと考えました。そして私は、「ほかの役員に意思決定してもらい、その決定について、社長に承認をもらう」という方法を提案し、社長とほかの役員に了解をもらいました。

「果して、この方は後継者として、ふさわしかったのだろうか…。」

ふと、そんな疑問を抱かざるを得ない場面が幾度かありました。それは、〝後継者を選ぶ〟ということの重要性をあらためて学ばせてもらった仕事でした。前段でお伝えしたように、世代交代は、誰をトップにするかで、すべてが決まります。後継者を誰にするかということは極めて重要なテーマなのですね。

引退を控えた社長の思惑

「次々に失敗を重ねながらも、また気を取り直し、私はいつも色々な解決方法を見つけてきました。私はよく泣きましたし、逆風には耐えられませんでした。」

これは、家具小売チェーン、イケアの創業者イングヴァル・カンプラードが言った言葉です。彼は、２００８年の米国の経済誌『フォーブス』では世界長者番付7位として登場した、日本円にして約3兆円の資産家です。私たちは、大きな成功を収めた人を見ると、「失敗せずに何事もなく成功したのだろう」とつい思ってしまいがちですが、成功している人ほど、色々な失敗を重ねてきているのですね。

ある企業でこんなことがありました。

その会社の社長は、34歳の時に今の会社をつくりました。今年で59歳を迎えるその社長は50歳の時に、「自分は60歳で引退しよう」と決めていました。業績を順調に伸ばし、組織も大きくなりました。既に何人かの役員もおり、後継者の育成にも真面目に取り組んできた甲斐もあって、後継者問題で悩むことはありませんでした。

役員の中に一人の若手がいました。その若手は入社した時から、社長から期待され、財務担当者を経験して社長室長となり、その後も順調に出世を重ね、副社長にまで昇格しました。

真っ向から食い違う意見

社長は「その彼を自分の後任にしよう」と考えていました。それを取締役会に提示する前に、代表権を持つ年長者の役員に相談しました。その役員は、快く賛成してくれると思っていましたが、社長の考えに強く反対しました。その役員は、

「私は反対です。副社長は社長としてふさわしいとは思えません。副社長は社長の側近として仕事をしてきたにすぎません。経験した仕事は経理だけですし、独りで責任を負う立場に置かれて物事を自分で決定したことがありません。成績に責任をもつ立場に立ったことがない人間に社長を任せることはできません。失敗の経験がないということは挑戦したことがない、ということです。何かに挑戦したことのない人間に社長の仕事は任せることはできません。後任としてふさわしいのは常務です。常務は営業部長の経験もありますし、マーケティング最高責任者として実績をあげてきました。次の社長にふさわしいのは常務のほかにおりません。」

社長は次のように反論しました。

「何年か前に組織の大改革を行った際、会社の方針を大きく変えたのは副社長だ。その方針は間違っていなかったし、今の幹部を育ててきたのも副社長だ。副社長は社長として十分な能力を持っていると思う。」

役員はさらに社長に反論を重ねてきました。

「副社長はたしかに現場の管理者としては優秀だと思います。しかし、トップの仕事を担う能力を持っているとは言えません。間違いや失敗をしたことがないということは、無難なこと、安全なことしか、やってこなかったということじゃないですか。うちの会社にいる優秀な人間は、常に新しいことに挑戦して、数えきれない間違いをしている者ばかりです。」

ドラッカーはこう言っています。

間違いや失敗を犯したことのない者というのは、単に無難なこと、安全なこと、つまらないことしか、やってこなかっただけである。逆に優れている者ほど、数えきれない間違いを犯すものであり、これは常に新しいことに挑戦している証拠である。（『経営者の条件』）

「なるほど言われてみれば、たしかにそうだなぁ…」

一瞬、不覚にも、頭の中で役員の主張に同調してしまった社長は、反論に窮しました。そして、役員にこう言い返しました。

「お互いに、それぞれ勝手な物差しで言いたいことを言いあっても話しは進まない。人について話をするのはやめよう。社長の仕事とは何かという点について、ちゃんとした物差しをつくろう。そして、後継者を決めるにあたって、まずはその物差しを決めよう。この件は取締役会にあげる前に合意案を見出そう。」

ギリギリの迎撃でしたが百戦錬磨の社長、瞬間芸で話の角度を変えて、窮地を脱しました。

思わぬ考えの衝突で話は、まとまりませんでした。

私はその会社の経営には口出しをしません。その会社の経営が一番よくわかるのは、その会社の経営者しかいないからです。しかし私は、その会社にとって一番いい結論を導き出す急所をお伝えすることはできます。

「自分の主張がどれだけ正しいかを競うのではなく、会社にとって最もためになることは何かを追究することに時間を使いましょう。」

私は、社長とその役員に、そんな助言をさせて頂きました。

共通の物差しをつくる

「次の社長を誰にするべきか」という議論は、「社長の仕事とは何か」という共通の物差しをつくるという議論に変わりました。社長と役員はその後、結論を出すのに水面下で、粘り強く話し合いを続け、２カ月ほどの時間を費やしました。

取締役会当日。

「副社長に対する期待はあまりに過剰だ」と受けとられた社長の主張は、劣勢に追い込まれました。常務を推薦する役員の主張はこうでした。

「常務は、将来わが社が直面すると思われる試練を乗り越えるにあたって、その経験と実力がある。何より部下の協力を得られる。」

代表権を持つその役員の主張は大局的でした。その考えに関心が集まり、意味ある議論が始まるきっかけとなりました。入念な評議の結果、社長の提案は却下され、代表権を持つ役員の提案に賛成が集まりました。次期社長は、副社長ではなく、常務が指名されることとなりました。

後継者を選ぶにあたって、してはならないことはなんでしょうか。

ドラッカーはこう言っています。

してはならないことは簡単である。辞めていく人のコピーを後継にすえてはならない。辞めていく人が、「三〇年前の自分のようだ」というのならばコピーでしかない。コピーは弱い。また、一八年間トップに仕え、ボスの意向をくむことには長けているものの、自身で決定したことは何もないという側近も注意したほうがよい。自分で決定する意欲と能力のある人が補佐役としてそれほど長くとどまることはあまりない。（『非営利組織の経営』）

実績と信頼で後継者に選ばれる人と、後継者として入社した人など、会社によっていろいろケースがあります。あまりにも早くから後継と目されてきた人に対して、どう考えればいいのでしょうか。

ドラッカーはこう言っています。

早くから後継と目されてきた人物も避けるべきである。そういう人は、多くの場合、成果を必要とされ、評価され、失敗もおかしうる立場に身をおくことのなかった人である。見た目はよいかもしれないが、成果をあげる人ではない。（『非営利組織の経営』）

早くから後継として期待されてきた人であっても、成功や失敗の経験があれば問題ない、ということですね。

上が下より高い給料をもらっているのは、上の方が偉いからではありません。上の方が責任が重いからです。**後継者を選ぶこととは「あなたが担ってきたその重い責任を担える人を選ぶ」ということです。**では、何に焦点を合わせればいいのでしょうか。

ドラッカーはこう言っています。

それは仕事に焦点を合わせることである。これから数年、何が最も大きな仕事になるか。次に、候補者がどのような成果をあげてきたかを見る。こうして組織としてのニーズと候補者の実績を合わせればよい。（『非営利組織の経営』）

後継者を考えるときの視点は人物評価だけの視点ではない、ということですね。ドラッカーは次の2つの視点でトップの承継を考えることを勧めています。

ぜひあなたの会社に置き換えて具体的な答えを作り出してください。

1．あなたの組織にとって、5年後における最大の仕事は何でしょうか。
2．その種の仕事について最高の実績をもっているのは誰でしょうか。

トップの継承に必要なルール

後継者候補を選ぶにあたって、押さえておかなければならないことは何でしょうか。
ドラッカーはこう言っています。

トップの継承が納得しうる基準によって行われ、抗争、不正、贔屓によって行われることのないようにしなければならない。（『企業とは何か』）

組織内で、抗争、不正、贔屓が起こらないようにするためにも、また、「私はこの会社に入社して20年経つがようやく部長だ。なのに、社長のドラ息子ときたら、入社して3年足らずでもう専務だ。」といったような不平不満を起こさないようにするためにも、最低限の決め事は必要です。

後継者のことをまったく考えず、今日を生き抜く経営者がいる一方で、後継者の育成に取り組み、自分の引き際のタイミングを見計らい、人選を適切に行おうと努める、多くの会長や社長にもお会いしてきました。

引退を前にしたある企業の社長は、役員に相談したうえで自分の後任を決めています。

またある企業は、次のようなルールをつくり実行しておりました。

1．引退する社長は、後任を推薦する権限をもつが任命する権限はもたない。

2. 推薦の条件は、事業上の成果をあげた経験を有すること。
3. 同族が二代以上続く場合、能力のない同族は役員にしない。

ここでいうルールとは、「物事をスムーズに進める手順のこと」です。御社も既に、何らかの人選のルールをお持ちだと思います。もし人選のルールをお持ちでなければ、あなたの会社が将来にわたって繁栄していくために、人選のルールをつくってくださいね。

POINT

- **世代交代は、誰をトップに選ぶかで、すべてが決まる。**
- **トップの跡を継いだとたん仕事ができない人がいる。**
- **自分で何も決定したことのない側近は要注意。**

05 後継者には小さな部門のトップを経験させる

トップを経験させる

「彼は補佐役として優秀です。ただ、彼は事業を起ち上げた経験はあるのですが、事業を成功させたことがないんです。彼をトップにする前に、トップとして彼の仕事ぶりを確認したいんです。なにか方法はないですか？　トップになる人間が、トップになるために、どんなことをさせればいいでしょうか？」

これは、ある企業の社長から頂いた質問です。

ドラッカーはこう言っています。

将来性ある若い者を、指揮を執ることのできる地位につけなければならない。失敗しても組織全体に大きな害を与えることのない小さな部門のトップの地位につけることができなければならない。たとえ補佐役として優秀であっても、リーダーとしての力が試されたことのない者をリーダーにするほど危険なことはない。（『企業とは何か』）

その候補者を会社のトップにする前に、小さな部門のトップに据えれば、その人の仕事ぶりを確認することができます。

ある会社の社長が取り組んだ後継者の育成

「事業部長は事業部のトップだ。それはトップの仕事には変わりないが、社長の仕事とは大きく違う。私は、社長の仕事を経験した人間をたくさんつくりたい。社長の仕事を経験した何人かの中から、うちの会社を引き継げる一人の社長が育つことを期待したい。」

そう語ったのは、私が以前いた会社の社長です。

当時の社長は、後継者の育成について、そのように考えていました。**「後任には小さな部門のトップを経験させる」**ということを重要視していたのです。

私はコンサルティング会社で約15年働いたあと、一時期、従業員150人くらいのＩＴ系の会社で仕事をしておりました。37歳の時にはじめて取締役という大任に就きました。

社長は、経営人材を育成する目的で、一つの会社を「株を持っている会社」と「事業を行う会社」の2つに分けました。「株を持っている会社」のことを〝ホールディングス〟と言います。そのホールディングスの傘下に、いくつかの「事業を行う会社」を置き、そこに何人かの社長をつくりました。

社長になった人たちは、「社長の仕事ができるから社長になった」のではなく、「社長の仕事ができるようになるために社長になった」のでした。訓練のために社長になったのです。

それは、社長であって社長職ではなかった

社長とはいえ、あくまでも子会社の社長です。社長としての全権があったわけではあり

ません。社長とは名ばかりで、親会社の社長の指示通りに動くしかありませんでした。

当初、社長の考えであった「社長の仕事を経験する人間をたくさんつくりたい」という思惑は、社長自ら潰してしまったように思えました。それでも、社長には、相当任せてもらったと思います。事実、この時の経験は、のちに相当役に立ちました。今でも当時の社長には感謝しています。

当時の社長は決断が早い分、随分と振り回されましたが、変化に適応する力は養われました。**「小さな部門のトップを経験させる」**ことの重要性について、身をもって理解することができました。

POINT

- **補佐役として優秀だからといって、リーダーとして優秀とは限らない。**
- **リーダーとしての力が試されたことのない者をリーダーにすることは危険。**
- **指揮を執ることのできる小さな部門のトップの地位を経験させる。**

06 人が育つ環境をつくる

手柄はすべて部下に譲る

「出来る限りのことは、現場で判断できるように最大限の権限を与えています。それが社員一人ひとりの能力を最大限に引き出す要諦です。いい顧客、いい案件、いい仕事、また、美味しい物が食べられるいい出張は（笑）、すべて部下に譲るようにと、会長から教わりました。」

こう語るのは、時計ベルトのトップブランドメーカーである、株式会社バンビ（東京都台東区）、代表取締役社長の舘林秀朗さん（以下、舘林社長）です。さらに、

「手柄はすべて部下に譲れ」

部下をもつ上司に対して、会長はそのように指導されています。素晴らしい社風を築い

てこられた会長のお人柄に触れると心が洗われます。

同社は1930年に銀製品、喫煙具等の商品を扱う卸売業としてスタートしました。現在、年商はグループ合計で約200億円、従業員数国内外合わせて約1000名、国内の拠点は、東京、埼玉、大阪、名古屋、福岡、海外は、広州・江西・郴州・深圳に拠点を持っています。主な製品は、メーカー専用時計ベルトと、自社ブランド交換用時計ベルトで、それらは、超が付く優良・大手企業である、時計メーカー、百貨店、量販店で採用、販売されています。

会長は社長の〝善《よ》きメンター〟として

1980年代、現在の会長が、創業者から事業を引き継ぎ、四代目の社長となりました。

そして、五代目の社長を引き継いだのが舘林社長です。

「経営の実務は完全に社長に任せてある。私の役目は経営チームをアドバイスをすることです。」

そう語る会長は、まさに本書でお伝えしている、社長の善《よ》きメンターとして、会社の繁栄を見守っておられます。五代にわたって世代交代に成功し、事業を発展し続けてきたその秘訣は何でしょうか。組織が長期にわたって繁栄を続けるにはどうすればいいのでしょうか。

ドラッカーはこう言っています。

組織が長期にわたって繁栄を続けるには、組織内の人間が、知力においても真摯さにおいても、自らの能力を超えて成長していかなければならない。（『企業とは何か』）

長期にわたって繁栄を続けるためには、経営陣が代替わりする度に強くなることであり、現場の社員も代替わりする度にレベルアップしていかなければなりません。実際、舘林社長に、世代交代の成功と事業を拡大させてきた、その秘訣を伺いました。

舘林社長にマイクをお渡しします。

「弊社が一貫してやってきたことは、経営理念を社員に語り続けてきたことです。時代はどんどん変わっていきます。時代の変化とともに経営理念が形骸化しないように、経営理念の再構築をしてきました。当時は、高度成長期に大きく発展した時代背景もあり、メインバンクから不動産など勧められましたが、堅実に本業の投資に徹底し、積極的に国内外に工場をつくってきました。従業員を大切にし、事業の発展に尽力してきた努力が実った結果だと思います。」

御社は、従業員の能力を最大限に引き出すために、どんな取り組みをされているでしょうか。「出来る限りのことは現場の判断に任せ、いい顧客、いい案件、いい仕事、いい出張は、すべて部下に譲る。」そしてさらに、「手柄もすべて部下に譲る」それらをぜひ実践してみてください。

経営者の仕事は社員が生き生きと働けるようにすること

本田宗一郎さんは人材育成について、かつて幹部に次のようなことを言いました。

「徹底して没頭できない人間は成功しない。精神状態がおかしくなるほどの人じゃなきゃ、いい仕事はできないね。僕の経験では、どんなにいい人材でも、本人の好きじゃないことをやらせたら、絶対にものにはなりませんね。だいたい優秀ということは、自分の好きなことをやって成功していくことをいうんだ。

かりに、僕が銀行へ勤めて、カネ勘定をやっていたら、これはもう失敗するに決まっている。間違いないね。そこで、経営者の大切な仕事は、各社員が生き生きと働けるような、好きな仕事につけてやることだ。これは経営者の腕のみせどころだな。繰り返すが、技術好きの人間に、やりたいと思っている開発のテーマを与える。本当に好きなら、それで自然に育っていく。」

本田宗一郎さんは、仕事そのものが人を成長させる、と考えていたのですね。

ドラッカーもこう言っています。

人を育てる最高の道具は仕事である。（『日本に来たドラッカー　初来日編』）

育成と言う言葉を聞くと、どうしても研修を受けさせたり、セミナーに参加させることをイメージしがちですが、人材育成とは「人が育つ環境をつくること」です。

人材が育つか育たないかはトップ次第

米国の大手百貨店のシアーズローバック社は、人材が育つ環境を作り上げました。

将来を期待されていた優秀な二人の幹部がいました。その幹部の一人は売上と利益で大きな成果を上げていました。しかし、人材を育成することには大きな貢献はしていませんでした。もう一人の幹部は、売上と利益では大きな成果を上げたわけではありませんでしたが、多くの人材を育てました。社長から評価され、昇進したのは後者の「多くの人材を育てた人」でした。そのように判断した理由を聞かれた社長は、次のように答えました。

「前者の人は今日のための仕事をしているが、会社の明日に貢献していない。しかし、後者の人は、会社の明日に貢献している。」この時から、シアーズローバック社は、優れた人材が育つようになりました。これが、同社が築き上げた、人材が育つ環境です。

数年後、社長が変わり、会社の方針が大きく変わりました。これまで人材の育成が重要視されてきたのですが、〝売上の額だけ〟で評価が行われるようになりました。社長が交代して以来、誰も部下の育成を重要視しなくなりました。

人材の育成は素晴らしいことであり、部下や跡を継ぐ人たちは大切な存在という考えもなくなりました。上司は部下の育成に一切関心を持たなくなり、手間のかかる部下は、上司にとっては煩わしい存在になりました。また、昇格する基準に、「部下の成長にどれだけ心を砕いたか」、ということは、まったく考慮されなくなりました。その結果、シアーズローバック社は、優れた人材が育たなくなりました。人材が育つ環境をつくるうえで、トップが肝に銘じておかなければならないことは何でしょうか。

ドラッカーはこう言っています。

人材の育成が素晴らしいことであり、みなにとってよいことであるとしなければならない。部下や跡を継ぐ者たちこそ重要な資産であるとすることが、彼ら自身の利益になるようにしなければならない。部下の育成は、育成した者にとって昇進に値する貢献としなければならない。障害となるようなことがあってはならない。（『企業とは何か』）

優れた人材が育つか育たないかは、トップにかかっています。シアーズローバック社の事例は、人材が育つ環境の重要性をあらためて考えさせられますね。

いつかは必ずやってくる世代交代の時に備えて、ぜひ人が育つ環境をつくってください。

POINT

- **まずは今いる社員一人ひとりの能力を最大限に引き出す。**
- **人を育てる最高の道具は仕事である。**
- **育成とは「人を育てること」ではなく「人が育つ環境をつくること」。**

07 後継者に必要な4つの能力

部下に正しいことをさせる人

「後継者の条件をどう考えていますか？」「当然だが、能力を備え、みんなに支持される人。みんなで経営するのだから、その人の言うことだったら聞いていいという人間でないと経営者にはなれない。能力があっても、気遣いがないとね。」

こう言ったのは、株式会社ファーストリテイリングの代表取締役会長兼社長、柳井正さんです。

〝たとえ能力があっても気遣いができないと経営者は務まらない〟、という柳井さんの視点が興味深いですね。

後継者に必要な能力をひと言でいえば、リーダーシップです。

ドラッカーが言うリーダーシップは、なくてはならないものが「真摯さ」で、あってはならないものが「カリスマ性」です。

補足します。今日、カリスマとは「その分野で際立って輝いている人」というような意味として使われていますよね。以前、カリスマという言葉は、独裁性、支配欲という意味を持つものとして使われていました。言葉は、時代によって、その意味や使い方が変わっていきます。真意を理解しないで言葉だけを追うと、とんでもない誤解が生まれます。ドラッカーがいうリーダーシップを誤解なく言おうとすると、

〝なくてはならないものが「真摯さ」で、あってはならないものが「独裁性」です。〟

こう言い直せば、誤解なく理解して頂けそうでしょうか。ありがとうございます。

もとい。リーダーシップとは仕事です。「好かれたり、尊敬されたりすること」ではなく、「部下に正しいことをさせること」、それがリーダーの仕事です。「あれこれ指示をすること」ではなく、「どしどし権限委譲すること」、それがリーダーの役目です。リーダーシップそのものが、目的ではありません。リーダーシップは、ただの手段です。

リーダーシップは良いものでも悪いものでもありません。何のためのリーダーシップかが問題なのです。ソビエト連邦のスターリンは自分の考えに賛同しない人たちを処刑し、ドイツの独裁者ヒトラーは約600万人もの命を奪いました。そして、中国の毛沢東は政争において約4000万人を殺害したと言われています。この3人は、卓越したリーダーシップをもって、史上類を見ない悪夢を世にもたらしました。

このように、リーダーシップは、良いものでも悪いものでもないのです。何のためのリーダーシップかが問題なのです。

リーダーとは、リードする人です。リーダーに必要なのは、「人と組織を価値ある方向へリードする力」です。では、「人と組織を価値ある方向へリードする力」とはいったい何でしょうか。具体的な振る舞いという視点から考えていきましょう。

それは4つあります。

第一が、人のいうことを聞く意欲、能力、姿勢である。聞くことは、スキルではなく姿勢である。誰にもできる。そのために必要なことは、自らの口を閉ざすことだけである。（『非営利組織の経営』）

人としての信頼がなければリーダーは務まらない

「俺は白紙だ。なんでも言ってくれ。聞かせてくれ。」

これは、三洋電機株式会社の創業者、松下電器産業を経て現在のパナソニックの創業メンバーでもある、井植歳男《いうえとしお》さんの言葉です。

何を言ってもダメ出しをする人。いますよね、そういう人。その一方で、こちらの話をよく聞いてくれる人。そのような上司は部下のことを理解していますし、現場のことをしっかり把握しています。前者は打つべき時に打つべき手を打つことができず、後者は打つべき時に打つべき手を打つことができます。その違いは、状況を理解しているか、していないかの違いです。

人の上に立つ人は、聞き上手の人が多いですね。現実、聞き上手の人には情報がよく入ってきます。井植歳男さんのところには、よく情報が入ってきたと言います。


ある企業様でこんなことがありました。

その会社に次期社長とされていた52歳の副社長がいました。その方のことをほかの役員は口を揃えてこう言っていました。

「あの人は、理屈は理解してくれますが、人の気持ちはまったくわかってくれません。先々、誰かが社長をやらなければならないのはわかっています。しかし、あの人が社長になるのは賛成できません。」

と言っていました。経営陣は信頼によって成り立ちます。お互いの信頼がなければ経営陣はうまく機能しません。ほかの役員は、

「その副社長に欠落していたのは、人のいうことを聞く意欲、能力、姿勢です、〝頭が良ければそれでよし〟でもなければ、〝スキルが高ければそれでよし〟でもありません。まずは、われわれの考えを聞いて欲しいです。あの人は人の考えを理解しようとしません。

これでは、力を合せようがありません。」

と言っていました。経営者の仕事は意思決定することです。成果を生む意思決定をするためには、自分で自分の考えの不備を発見すること、そして、自分の考えの不備を気付かせてくれる人、さらに、自分の考えの不備を直言してくれる人が必要です。そんな相手をつくるためにも、経営者には、〝人のいうことを聞く意欲、能力、姿勢〟は極めて重要なのです。

相手の地位や役職に関係なく、ありのままの人間として敬意をもつ

サウスウエスト航空の創業者、ハーブ・ケレハーの言葉に感銘を受けました。

「私にいちばん影響を与えたのは母だろう。ありきたりの答えかもしれないが、うちの家族は第二次世界大戦がはじまって崩壊してしまったのだ。最初は6人家族だったのが、最後には私と母の二人だけになってしまった。母から学んだことは本当にたくさんある。中でも特に心に残っているのは、相手の地位や役職に関係なく、ありのままの人間として信

頼し、尊敬しなければならないというアドバイスだ。地位や役職は、その人の本当の価値とは関係ないことが多い。

私はそれを、すぐに実感することになる。私たちの住む町に、ある金融機関を経営する一人の紳士がいた。いつも非の打ち所のない服装で、とても高潔な人物という印象を与える。しかし彼は、横領の罪で起訴され、有罪が確定し、牢屋に入った。

私は母の教えを守り、ビジネスの世界でも、表面的な基準で人を判断しないよう努めている。偏見を持たずに人と接している。

私は人々のアイデアにとても興味がある。そして、アイデアを持つのに博士号は必要ない。心をひらいて人の話を聞かなければならない。単なる従業員ではなく、人間として気にかけていることを、身をもって示さなければならない。誰かと話していても、他にもっと重要人物がいないかと、いつもきょろきょろしている人がいるだろう。私自身は、誰かと話をするときは、世界にその人しかいないと考える。それが相手への義務だ。それに、たいていの人はとても興味深い。サウスウエストの従業員たちと一緒にいるのは、私の仕事でもっとも見返りが大きく、わくわくできる部分だ。」

ドラッカーの言葉の通り、まさに、人のいうことを聞く意欲、能力、姿勢について実行していることが伝わってきます。次の社長に就く人は、経営チームのメンバーのいうことを聞く意欲、能力、姿勢が必要です。ドラッカーの言うとおり、聞くことはスキルではなく姿勢です。

第二が、コミュニケーションの意欲、つまり自らの考えを理解してもらう意欲である。そのためには大変な忍耐を要する。（『非営利組織の経営』）

共通目的に向かって力を合せようとする心

会社とは組織です。組織とは人間の集まりです。ゆえに、仕事の9割は人間関係と言っていいでしょう。コミュニケーション能力の重要性は言うまでもありませんね。ところで、コミュニケーションとは何でしょうか。communication の commu は、「共有する」という意味です。コミュニケーションとは、「お互いの考えを共有できる状態になるための働きかけ」です。

コミュニケーションについて、ドラッカーはこう言っています。**「対人関係の能力をもつことによって良い人間関係がもてるわけではない。自らの仕事や他との関係において、貢献に焦点を合わせることによってよい人間関係がもてる。」**

コミュニケーション能力が高いからといって、良い人間関係が築けるわけではないということですね。共通目的に向かって力を合せようとするからこそ、よい人間関係がつくれるのです。

後継者に必要な能力であるコミュニケーションについて、もう一歩深く、次の〝責任ある立場にある人のつとめ〟で、考えてみたいと思います。

責任ある立場にある人のつとめ

「超越した存在でなければならず、好き嫌いどころか、仕事のやり方さえ気にしてはならない。唯一の規律は成果と人物である。交友とは両立しない。社内に友人をもち、仕事以外の話をするのでは公正たりえない。少なくとも公正には思われない。害のあることに変わりない。もちろん孤独、距離、形式が性に合わない者もいる。私もそうだった。しかし、それがつとめだった。」

そう言ったのは、米国の大手自動車メーカー、ゼネラルモーターズの元CEOアルフレッド・スローンです。

CEOとはご存じのように、Chief・Executive・Officer（チーフ・エグゼクティブ・オフィサー）の略で、日本語では最高経営責任者と訳されます。日本の会社法で定められた役職名ではありません。CEOは誰かと言えば、会社それぞれで決めていて、会社によって違います。会長がCEOの場合もありますし、社長がCEOの場合もあります。

スローンは、「特定の人とだけ飲みに行くというのは論外だ。」と言っていました。彼はトップとして、どの幹部の誰からも同じ距離を置いていました。トップが、特定の幹部、特定の社員とだけ、親しくしたりすれば、そこで働く人たちの意欲を保つことはできないと彼は考えていたからです。たしかに、**トップが社内のすべての人に公平に接するだけで、働く人たちの意欲を保つことができます。**それは、けっして非人間的であれ、ということではありません。トップは、それだけ責任ある立場にあるということなのです。

第三が、言い訳をしないことである。「自分が間違った」と言えなければならない。（『非営利組織の経営』）

あなたの経営者責任は何ですか

「たしかに、人件費はコストです。しかし、社員を単なるコストの対象としか見ない経営者は、経営者として失格だと思います。経営学の大家と呼ばれるピーター・ドラッカーは、人件費がコストであることは間違いない、しかし人は材料ではなく、財産だ、と言っています。〝人材〟ではなく〝人財〟なのです。」

こう語ったのは、観光バスで知られる、株式会社はとバスの元社長、宮端清次さんです。

当時、はとバスは70億円もの借金があり、しかも4年連続で赤字が続き、倒産寸前の状態でした。宮端さんは、はとバスの経営を立て直すために、同社の筆頭株主である東京都庁から天下って、社長となりました。

はとバスの年間の人件費は55億円。社員1割の賃金カットを行うと、おおまかに言えば、約5億5000万円を削減ができます。「社員の賃金カットなんて一番やりたくない。しかし、このままでは、本当に会社は潰れてしまう…」、そう思った宮端さんは、断腸の想いで、社員に協力を求めました。多くの社員から理解を得ることができたものの、一人だけ宮端さんに抗議する人がいました。それは入社して20年以上経つ、ベテランの運転手さんでした。

「私たち従業員は何十年も、経営者の方針どおり、懸命に働いてきました。なのに赤字、しかもそれを4年間も放っておいて、二進《にっち》も三進《さっち》もいかなくなったからといって、そのツケを従業員にまわし、一方的に賃金カットを押し付けることは何事ですか？あなたの経営者責任は何ですか？」

宮端さんは最近社長になったばかりです。4年も赤字を放っておいたのは、前任の社長であって宮端さんではありません。しかし、宮端さんは、椅子から立ち上がり、こう言って頭を下げました。

「申し訳ない。心からお詫びをする。皆さんをもう二度とこんなに辛く、悲しい気持ちにさせないと約束する。だから、今回は、はとバスのために一緒に頑張ってくれませんせか。」

先程紹介した、ドラッカーの言葉、「言い訳をしないことである」、です。宮端さんにしてみれば、「赤字をつくったのは私じゃないよ。前任の社長だよ」という想いがあったかもしれません。しかし、宮端さんは、そんなことを一切口にすることなく、ただただ従業員に頭を下げたのです。そんな社長だったからこそ、社員さんはその後、献身的に働いてくれたのだと思います。もし仮に、「赤字を出したのは俺じゃないよぉ。文句を言いたきゃ、赤字を出した前任の社長に言ってくれよ。」なんて言う社長がいたら部下はどう思うでしょうか。

言い訳をしない――。これが、後継者に求められる能力です。

ハリー・トルーマンの口癖

「卑怯な振る舞いのある人、言い訳をしたり、逃げ回ったり、責任転換をするような人を要職につけてはならない。」

こう言ったのは、京セラの創業者、稲森和夫さんです。

言い訳とは、「自己正当化」です。「自己正当化」とは、「私は正しい」「私は悪くない」と「稚拙な自己主張」です。

重要性なことは、「自分が正しかった」ではなく、「会社にとって正しかったかどうか」です。自分の間違いを正さなければ、人と組織を誤った方向に導いてしまいます。自分の間違いを素直に受け入れる能力をもたない人に、会社は任せられません。

米国の第33代大統領、ハリー・トルーマンの口癖は、

「**The buck stops here.**（責任は私がとる。）」

でした。これは、人の上に立つ人の必須条件と言えるでしょう。

> **第四が、仕事の重要性に比べて、自分などとるに足りないことを認識することである。リーダーたる者は自らを仕事の下におかなければならない。これまた当たり前のことである。**
>
> （『非営利組織の経営』）

ブライアン看護師の原則

「仕事の重要性に比べて、自分などとるに足りないことを認識する」とは、お客様のことだけを考えるということです。病院に例えれば、患者さんにとって良いことだけを考えるということです。ドラッカーはある病院で実際にあったことを次のように紹介しています。

会議で十分に話し合った結果、あることが決まりそうになると、〝それは患者さんにとって一番良いことか〟と必ず聞く看護師さんがいました。

その看護師さんが看護する病棟の患者さんの回復は早かったのです。その看護師さんが引退してもなお、「それは患者さんにとって一番良いことか」と言う基準で、物事を考えることが当たり前になっています。

これこそがまさに、「仕事の重要性に比べて、自分などとるに足りないことを認識する」ということと言えましょう。自分たちのことは考えず、常にお客様のことだけを考えて仕事にあたっていきたいものですね。

使命感に立つ

「大津波警報が発令されました！　高台に避難してくださーい！」

その日、何度も何度も、そう叫ぶ防災無線の叫び声が、大勢の命を救いました。その声の主は、防災対策庁危機管理課の職員である遠藤未希さん（24）です。

3月11日午後2時46分、宮城県南三陸町の防災対策庁の2階にある放送室に駆け込み、防災無線のマイクを握りました。

まったく衰えを見せず、不気味な勢いで近づいてくる津波は、遠藤さんがいる庁舎にも、容赦なく迫ってきました。大勢の人は、波の大きさとその勢いを見て、震え上がったと言います。しかし、遠藤さんは悠然と怯むことなく、「一人の犠牲者も出してなるものか」との強い使命感に立ち、最後の最後まで叫び続けました。

「逃げてくださーい」「6メートルの津波が予想されます！」「逃げてくださーい」「異常な潮を引き方です！」「早く逃げてくださーい！」

津波のあと、屋上で10人の生存者が発見されました。しかし、そこに遠藤さんの姿はありませんでした。その地域には、約1万7700人の住民が住んでいました。その半数近くが遠藤さんのお陰で避難することができ、助かりました。遠藤さんは、果たすべき職責を全うしました。

私たちは著名な人にばかり目を向けがちです。しかし、真摯に仕事と向き合う無名の大勢の方々にお世話になりながら生かされているのだ、ということをあらためて痛感します。遠藤さんに感謝し、遠藤さんのお仕事に対する姿勢を学びつつ、自分自身も遠藤さんのように、「仕事の重要性に比べて、自分などとるに足りないことを認識し、自らを仕事の下におくことのできる人間でありたい」と思います。

遠藤さんのご冥福を祈りつつ。合掌

後継者を育成できる人とはどんな人か

「人にものを教えることはできない。みずから気づく手助けができるだけだ。」

これは、イタリアの天文学者、ガリレオ・ガリレイが言った言葉です。あなたは後継者に、どんな手助けができそうですか？

ある企業の会長から連絡を頂きました。

私はすぐにその会長に会いにいきました。立派な会長室に通して頂き、気が付くと会長と2時間以上も話し込んでいました。将来に向けて描いている展望、現在の会社の状況、直面してくる問題、人材育成など、多岐にわたって、会長からいろいろお話を聞かせて頂きました。お話を聞きながら、「なんて素晴らしい会長なんだろう」と思い、頭が上らない気持ちになりました。

その会長は、今もなお、社長を育成されようと努められており、2つのことに取り組んでいました。1つは「自分の後任である社長を一級の社長に育て上げること」、もう1つは「社長に後継者を育成できる人になってもらうこと」でした。

具体的に、後継者を育成できる人とはどんな人でしょうか。後継者を育成するために何が必要なのでしょうか。成功している組織はどうしているのでしょうか。

ドラッカーはこう言っています。

成功している組織には、愛想が悪く、あえて人を助けようとせず、人づきあいもよくない上司が必ずいる。冷たく、厳しく、不愉快そうでありながら、誰よりも多くの人たちを育成する人がいる。最も好かれている人よりも尊敬を得ている人がいる。自らの部下に厳しくプロの能力を要求する人である。厳しいプロは、高い目標を掲げ、それらを実現することを求める。誰が正しいかではなく、何が正しいかを考える、頭のよさではなく真摯さを大切にする。つまるところ、この資質にかける者は、いかに人好きで人助けがうまく、有能で頭がよくとも、組織にとっては危険な存在であり、上司および紳士として不適格である。(『現代の経営』)

どんなに頭が良くても、真摯さに欠ける人間は危険だと、ドラッカーはズバリ言っています。たとえ、愛想が悪くても、人づきあいがよくなくても、また、冷たくて厳しくても、最終的には人を育成することができたかどうかが重要だということですね。

高い目標を掲げて、その目標を実現するために、自分と自分の部下に厳しく、プロの能力を求める—。後継者を育成するにあたって必要なことは、それに尽きるのではないでしょうか。

私は、会長にそのようにお話しました。そして、もう一つ重要なことをお伝えしました。それは、次の章でお話いたします。

御社の後継者育成が万事うまくいきますように。

そんな願いを込めてお話します。後継者の育成とは、人の成長に手を貸すということです。自分が成長せずに、人を成長させようと思うと苦しくなります。逆に、自分の成長が進行形であれば、苦しくありません。まずは自分で自分の殻を破り、自ら成長していきましょう。

自分の成長が進行形であれば、日々、気分が違うはずです。

POINT

- **リーダーシップは責任と信頼があって初めて行える。**
- **後継者に必要なのは人と組織を価値ある方向へ方向にリードする力。**
- **リーダーは、言い訳をしてはならない。**

Action Point

- 早いうちから、何人かの後継者候補を見つける。
- 自分が後進に譲る時期を決める。
- 幹部、経営人材が育つ環境をつくる。
- やがてトップの責任を担うべき後継者の育成を始める。
- 具体的な責任と権限を与える。
- 未来に向けて強い経営体制をつくる。
- 抗争、不正、贔屓が起こらないトップの継承ルールをつくる。
- 後継者を指揮を執ることのできる地位につける。
- 将来性ある人を小さな部門のトップの地位につける。

CHAPTER 2

第2章

後継者の育成とは経営チームをつくること

一人のトップマネジメントからトップマネジメントチームへの移行がなければ、企業は成長どころか存続もできない。成功している企業のトップの仕事は、チームで行われている。

ピーター・ドラッカー『マネジメント』

01

一人に承継したら会社は危うくなる

事業は社長一人で見れるその限界を超えて成長していく

「経営者が一人いくら有能だろうと、はりきろうと、一人でできることには限りがあります。やはり、経営はチームでやるものなのです。チームを作り、この力を磨かない限り、経営者は何もできないのに等しいのです。」

これは、株式会社ファーストリテイリングの代表取締役会長兼社長、柳井正さんの言葉です。「経営チームを作り、経営チームの力を磨かない限り、何もできないのに等しい」、柳井さん、かなり言い切りますね。

ある企業でこんなことがありました。

その会社は、創業21年で、創業当時を振り返ると、創業当時は3年から5年後に倍の規模に成長すると見込んでいました。

業界が伸びていたという追い風もあって、順調に業績を伸ばしていきました。順調なときは、多少の問題があっても気になりません。私たち人間は、順調なときは、なかなか課題や問題に向き合えないものです。課題や問題をおろそかにする、ということではなく、課題や問題に目がいかなくなるのです。皮肉なことに、やらなければならないことを見出せるのは、順調でなくなった後です。事業が順調に伸びているときの課題、この会社がこのとき、取り組むべきだったこととは何でしょうか。

ドラッカーはこう言っています。

客観的な指標によって、三年から五年後に倍の規模に成長することが明らかになったならならば、やがて必要となるトップマネジメントチームの構築が急務である。（『イノベーションと企業家精神』）

トップマネジメントチームとは、経営チームのことです。経営チームとは、「社長一人ではできない経営に関するいろいろな仕事を、何人かで協力し合って経営の仕事にあたる集団のこと」です。事業の成長とともに、いつか必ず必要となる経営チームを順調なうちにつくっておくことだ、ということです。しかも、急務です。

その会社は経営チームをつくらずに、社長一人の力で会社を引っ張っていきました。創業16年をすぎた頃から業績が落ち込みはじめました。誰もが予想していませんでした。

会社の先行きに不安を抱えている状況にあっては、目先の売上に関心に引っ張られ、後継者の育成どころではなくなります。社長一人で経営を仕切ることは、ほかにどんなリスクが考えられるでしょうか。

ドラッカーはこう言っています。

ＣＥＯが一人であったのでは後継者を計画的に定めることはできない。そのために争いが起こる。ＣＥＯの引退、あるいはさらに困ることとして突然の死や急病の都度、重大な危機が来る。しかも、ひとたび後継者を指名してしまえば、間違いが明らかになっても、もはや辞めさせたり棚上げしたりすることはできない。（『現代の経営』）

経営の仕事を、社長一人だけで行うことはリスクが高すぎる、ということですね。

後継者をどう育成し、経営をどのように引き継ぎ、世代交代をいつ行うか―。経営の仕事を社長一人だけで行っていれば、そのような大きな仕事は手が着けられません。

社長のあなたが経営の仕事をすべて自分でやっていて、一人の後継者にすべてできるレベルを求めるとします。後継者の育成はうまくいきません。あなたが何十年もかけて、たどり着いた、そのレベルに、わずか数年で同じレベルには到達することはできないからです。

仮に、一人の後継者に経営を継承することができたとしても、それらのリスクは、そのまま一人の後継者にのしかかります。一人の後継者に経営を継承するのは、あまりに危険過ぎます。では、どうすればいいのでしょうか。

ドラッカーはさらに、こう言っています。

CEOがチーム、例えば三人からなるチームであったならば、全面的な交代はほとんど起こりえない。三人のうち一人を代えることはかなり容易である。いかなる危機も生じない。任命の間違いも致命的ではなくなる。取り返しのつかないことではなくなる。（『現代の経営』）

三人の経営チームをつくれば、一度に全員が入れ替わることはありませんし、三人のうち一人代わる程度であれば、大きな危険にはなりません。社長という役職に就く人はもちろん一人ですし、最終的な責任はトップ一人です。しかし、日々の経営を、何人かで役割分担して進めれば、困難な状況にあっても、優れた経営を行うことが可能になります。

POINT

- **社長一人による経営は、社長の関心あることにしか会社の力は向けられない。**
- **一人で行う経営は、うまくいかなくなった途端に、社長の力が無力化する。**
- **一人で意思決定を行うよりも、話し合って決定した方がよい決定ができる。**

02 大企業、中小企業を問わず多くのCEOが混乱している

得意な仕事に徹する

「社長は技術、私は金に関する仕事。これがスタートだった。二人とも勝手放題、思った通り決裁もすれば行動もする。一致することは、〝会社大きくすること〟。相手のすることに疑念、指示は一切ない。」

これは、本田宗一郎さんと共に、ホンダを一代で世界的な大企業に育て上げた藤沢武夫さんの言葉です。

勝手放題とは、「他人の立場や思惑などをいっさい考えずに、自分本位でわがままである様のこと」です。藤澤さんが言っている、「勝手放題」とは、もちろんそんな次元の話

ではありません。お互い常に意思の疎通をしっかり取っていたからこそ、自分の役割において最大限の自立性をもって行動できたわけです。

社長の本田宗一郎さんは、副社長の藤沢武夫さんに実印と会社経営の全権を委ね、自分は技術者に徹していました。エンジンの天才、マネジメントの天才と言われた傑出した二人の真似はできなくとも、二人から学べることは多くあります。この二人は、完全に役割を分担していました。経営の仕事における役割を分担とは、「得意な仕事に集中する」ということです。得意な仕事に集中するわけですから成果があがって当然です。得意な仕事で成果をあげる集団を経営チームと言います。

一人ではできない経営者の仕事

「創業時、私と妻の二人でガラーンとした部屋で旅行業の看板を掲げて、いつ来てくれるかもわからないお客さんを待っていたとき、そこでは、私が社長であり、営業マンであり、総務部員であり、経理担当者であった。」

これは、株式会社エイチ・アイ・エスの創業者、澤田秀雄さんの言葉です。

創業時のセコムは、創業者の飯田さんが靴の底を減らしながら、毎日毎日飛び込み営業をしていました。創業時のソニーは、盛田昭夫さんが日々、商品を持ち歩きながら営業に奔走していました。フェイスブックの創業者、ザッカーバーグも創業時は、技術者としてプログラムを書いていました。

このように、創業時の社長は、自分自身が営業マンであり、技術者であり、経理担当者です。創業時の社長はすべての業務に関わり、最前線でフルに動く現場の人です。

しかし、事業が成功し、ある程度、組織が大きくなると、社長は現場の仕事だけをやっていればいいというわけにはいかなくなり、経営に向かい合わなければならなくなります。そしてさらには、経営の仕事も自分一人の力だけではこなせなくなっていきます。

「いやいや、そんなことはありませんよ。経営はちゃんと私一人でやってますよ。」あなたは今、そう思われたかもしれません。何をすれば経営の仕事をしていることになり、何をしなければ経営の仕事をしていないことになるのでしょうか。

経営者の仕事について、ドラッカーはこう言っています。

ＣＥＯは事業を検討する。全体の目標を設定する。目標を達成するために必要な意思決定を行う。そして、それらの目標と意思決定の内容を組織全体に理解させる。経営管理者に対し、事業を全体として見るよう教え、全体の目標から自分たちの目標を導き出すことを助ける。彼らの仕事ぶりと成果を、それらの目標に照らして評価する。さらに、必要に応じて事業の目標を点検し、修正していく。ＣＥＯは、マネジメントの上層の人の人事について決定を行う。また、下位に至るまで、経営管理者の育成が行われるようにする。組織の構造について基本的な意思決定を行う。経営管理者に対し何を考えるべきかを考えさせ、その意味を理解させる。製品別の事業部門、機能別の事業部門との関係を調整する。部門間の対立を仲裁し、個人的な不和を防止し修正する。航海中の船長のように、緊急時には自ら指揮を執る。投資計画と資金調達の決定を行う。月１回の取締役の次第を決め、報告し質問に答える。取締役会の決定を部下たる執行部に伝える。（『現代の経営』）

以上は、ほんの一部にすぎませんが、経営者の仕事はあまりに多く、一人の人間でこなすことはできません。

ドラッカーは、さらにこう言っています。

ＣＥＯの仕事をいかに細心に検討し、いかに体系的に組み立てるかの方法は、ほとんど知られていない。その結果、大企業、中小企業の如何を問わず、あまりに多くのＣＥＯが、混乱し、時間を浪費している。（『現代の経営』）

部下をどのように管理するかといった種類のビジネス書は、星の数ほどあります。しかし、ドラッカーが言うように、ＣＥＯが自分の仕事をどのように検討し、どのように体系的に組み立てるかという種類のビジネス書はドラッカーが書いたもの以外に見たことがありません。

後継者が担うトップマネジメントの仕事は、一人でできないのです。

ごく平均的な人たちで運営できるように

「集団は個人より賢い。リーダーにとって最も重要な資質は聞いて学ぶ能力です。なぜならば誰も全てを知る事は出来ないからです。」

こう言ったのは、米国グーグルの元会長、エリック・シュミットです。ここで彼が言った、「学ぶ能力」とは、「勉強する力」のことではありません。「関係者の声に耳に傾け、そこから自分が何をやるべきかを考えることができ、そこから自分のやるべきことを見出せるスキル」のことです。

あなたは後継者に何を期待しているでしょうか。

「ビジョンが描けて、マーケティングに詳しく、商品やサービスの企画は一流で、プレゼンテーション能力は群を抜いている。分析能力もあり、財務会計はお手の物、戦略立案に長けていて、コミュニケーション能力は高い。リーダーシップに優れ、ＩＴには詳しく、営業力は一騎当千。」

多くのトップが後継者に、自分が何十年もかけて築き上げてきた力と同じ力を、たった数年で持たせようと考えます。あなたは、今の組織をマネジメントしていくために完全無欠のスーパーマンを育て上げようと考えてはないでしょうか。

ドラッカーは、後継者を育成するにあたって、こう言っています。

組織のマネジメントをスーパーマンの出現に頼るわけにいかない。かかる人材はあまりに少なく、いつ現れるか分らない。組織に必要とされているものは、真摯に仕事をする有能なトップマネジメントであって、超人ではない。（『ネクスト・ソサエティ』）

人間ですから何かが得意で何かが得意でなくて当然です。後継者に求めてはいけないことは「完全無欠」です。ごく普通の人たちが、組織を引っ張っていけるような組織運営をしていかなければならない、ということですね。

POINT

- **承継は「一人に引き継ぐこと」ではなく「チームに引き継ぐこと」は必須。**
- **何もかもが一度にできるようにはならない。チームになるには三年かかる。**
- **一人による経営からチームによる経営に移行しなければ一人の後任を苦しませる。**

03 特に、中小企業において重要なこと

従業員が50人くらいになったら経営チームが必要

「現代の企業が直面する問題はきわめて複雑に絡み合っており、スピード経営が要求される今日の環境では、たった一人で立ち向かうのは不可能だ。だから、経営チームが必要だ。」

こう言ったのは、米国の百貨店ＪＣペニーの元ＣＥＯ、アレン・クエストロムです。

ある企業でこんなことがありました。

その会社は、ＡＩ関連の事業を行っている企業で急成長していました。社長は、

「お陰様で、ここ何年か調子がよく、順調に業績が伸びています。世の中の需要も伸びていますし、わが社は今後、かなり成長していくと思います。」と言っていました。つまり社長は、「45度の右肩上がりの曲線を描いて成長していく」、そう考えていたのです。

従業員の数は、既に200名を超えていました。ところが、経営体制は社長一人で、その下に9人の部門長がいるだけでした。従業員の数が30人にもなれば、経営チームが必要です。小さな会社は、社長、営業部長、経理担当者が経営チームとして動いています。それが経営チームの前身です。

従業員規模が50名くらいから、また、年商規模で言えば30億円になるあたりから、「経営チームの仕事に専念できる人が3人くらいは必要になってきます。

なかには、年商100億円の規模であるにも関わらず、経営チームをもたない企業をたくさん見てきました。そのような企業はたいてい、上は事業の成長がつくりだす重荷に耐えるのに精一杯で、中間層は上が何を考えているか解らなくなるために方向性を見失い、現場は上の考えが伝わってこないために常に混乱しています。すべてが後手に回り、問題解決に引きずり込まれている状態に陥る傾向にあります。

事業が停滞する根本的な原因は、「事業の成長がトップ一人でマネジメントできる限界を超えた結果であり、経営チームがないために、打つべき手立てが打たれないこと」によるものです。

トップの継承が常に問題となる

話しは戻ります。私はその社長にお伝えしました。

「そろそろ御社の成長は、御社のマネジメント能力を超えていきます。もしかすると既に、御社の成長は御社のマネジメント能力を超えているかもしれません。事業の成長が運んでくる新しい危機にぶつからないために、トップマネジメントチームをつくってください。」

順調な成長が続いても、**経営チームをつくらなければ、必ず組織の足元が危うくなります。**たとえば、クレームが多発したり、仕事のクオリティが低下したり、納期に遅れが出たり、今まで当たり前のように出来ていたことに支障が出てきます。また、退職者が増えたり、気が付くと幹部の頭数に物足りなさを感じたり、今まで気にならなかったことが気になるようになります。

これが、組織の足元が危うくなった結果であり、事業が停滞する兆候です。特に、中小企業は社長が一人で仕切る傾向が強いと思います。トップがワンマンの組織はどうなってしまうのでしょうか。

ドラッカーはこう言っています。

> トップがワンマンの組織では、トップの継承が常に問題となり、賭けとなる。トップマネジメントの仕事をした経験があり、トップマネジメントの仕事に適正のあることを証明した者が一人もいない。トップマネジメントの仕事がチームの仕事であることを認識することは、特に、中小企業において重要である。（『マネジメント』）

経営を社長一人の力で続けていけば、いつまで経ってもトップマネジメントの仕事をしたことのある人材は育ちません。また、どの幹部が経営の仕事に適していて、どの幹部が経営の仕事に適していないか、ということがわからなければ、後継者選びは、社長の「人を見る目」だけに委ねられます。

チームは「作る」のではなく「育てる」

私は社長にこう言いました。

「報酬の高い取締役を急に雇うわけにはいきません。まずは、部門長の中で、マネジメント能力を発揮している人を何人か見つけてください。そうして、見つけた5人を呼んで、週一度、そのメンバーで集まって打合せをしてください。土曜日でもかまいません。事業の成長にとって重要な活動をみんなでリストアップしてください。こうして経営チームとして動き出します。」

すると社長は、

「お客様からあった問合せは、佐藤が中心となってやっています。このまま彼に任せていいと思います。佐藤には他の仕事を加えてもいいし、部下をつけてやってもいいと思います。とはいえ、彼の担当者は当面お客様対応です。また、小川という女性がいます。彼女は生産担当で、人の扱いがうまいんです。小川は生産と人事の両方を任せようと思います。」

といい、頭の中で経営チームのメンバーと、一人ひとりの仕事ぶりに思い巡らしていました。さらに社長は続けました。

「うちの課題は、採用とマネジメントです。人が足りないのですが、採用は小川がなんとかやってくれていいます。マネジメントがまったく追い付いていません。頭の中にビジョンはあっても、日々やっていることは起こった問題の解決に追われているだけです。たしかに、このままではまずいです。さっそく、経営チームをつくります。」

そう言いながら、社長は隠れていた問題を発見し、すぐ行動に移すことを決意されていました。

優秀な人を集めたからといって、自動的に強いチームになるわけではありませんし、何もかもが一度にできるようにはなりません。チームは「作る」のではなく「育てる」のです。少しずつよくなっていけばいいのです。チームとして動けるようになるには、三年くらいかかります。今までは、それぞれが部門の責任者として、自分の持ち場で仕事をしていたところから、部門の壁を超えて1つのチームとして一緒に仕事をしていくようになるわけです。だんだんいろいろなことがわかっています。

事業の成長による危機を回避するために

私はさらにこう加えました。

「たとえば、「青木さんは気難しいけど財務には強いな」ということがわかってきたり、「佐藤さんは顧客サービスの責任者としては多くの学びが必要ですが、マーケティングの責任者としては最高だ。」といったことがわかってきます。こうして、三年後には立派な経営チームが出来上がっています。これが、事業の成長に耐えられる体制です。」

その社長は、何かが腑に落ちたようにこう言いました。

「なるほど、経営の仕事ができるようになってから、経営の仕事をさせるのではなく、経営の仕事ができるようになってもらうために、経営の仕事をさせるのですね、だからこそ、経営チームが必要ですね。」

私がお伝えしようと思ったことを先に言われてしまいました。

事業の成長は喜ばしいことですが、しっかりとした体制が整っていないまま、事業がどんどん成長してしまうことは、あまりにも危険です。

後継者を育成する前に、世代交代する前に、準備が整っていなければ何も始められません。まずは、経営チームをつくりましょう。

POINT

- **従業員規模が50名くらいから経営チームが必要になってくる。**
- **年商規模30億円になれば経営チームの仕事に専念できる人が3人くらいは必要。**
- **世代交代は、経営チームがあればこそスムーズに進む。**

04

一人の経営から経営チームへ

何から何まで私ひとりで決めてきた

「私に何かあったら、この会社はどうなってしまうんだろうか…。そう思うと夜も眠れない日がありました。すべてのことを私一人で決めていたからです。3年前から経営チームをつくり、現在は、経営をチームで進めています。眠れない日はなくなりました。」

こう語るのは、アパレル関連のサービスを提供している企業の社長です。

同社は、日本のほか、ニューヨーク、ロンドンに拠点を持ち、従業員はグループで約600名、クリエイティブな組織を率いる社長に、後継者を育成をどう取り組んでこられたか伺いました。

「数年前までは、私ひとりで何から何まで自分一人で考え、部下に指示をだしていました。役員は私のほか専務がおりますが、ニューヨークに常駐しているため、社長の下に全員社員がいるような、いわゆる文鎮型《ぶんちんがた》の組織でした。土日は何十人から送られている週報にすべて目を通し、私はその社員の上司を飛び越えて、すべて細かい指示を書いて返信をしていました。「社長、これはどうすればいいですかー？」という社員からの問いかけに対して、私はすべて対応していました。」

事業の成長にあった経営の仕事のやり方

社長の話は続きます。

「現在私はそのまま、代表取締役社長兼ＣＥＯ（最高経営責任者）を務め、ＣＨＯ（最高人事責任者）、ＣＭＯ（最高マーケティング責任者）、ＣＯＯ（最高執行責任者）、ＣＩＯ（最高イノベーション責任者）、そして、ＣＦＯ（最高財務責任者）、という経営体制でやっています。以前、土日を費やして私一人で確認していた週報は、現在、各部の責任者が見てくれています。「社長、これどうすればいいですか？」という声はもうありません。

経営チームのメンバーの決定に対して、私が最終判断を下すというやり方で進めていま
す。

日頃から意思の疎通をとっているので、経営チームのメンバーの決定を却下することはほとんどありません。週1回、経営チームが集まり、6カ月先の業績の状況を見極めながら、経営目標の進捗状況を確認し、新規事業に関する打ち手など、徹底した協議をしながら事業を進めています。今、社長としてやるべき仕事、本当に重要な仕事だけに時間を使えるようになりました。」

POINT

- **社長1人による経営は、あまりにリスクが高すぎる。**
- **トップの負担を経営チームで分散している。**
- **経営チームは、それぞれの強みに応じて役割を分担している。**

05

出光佐三さんとの出会いからはじまった

従業員3000名以上の組織に発展

「経営は自分が走り切って終わる〝マラソン〟ではありません。経営は〝駅伝〟なんです。自分は所詮中継ぎだという人がいますが、とんでもない勘違いです。みんな中継ぎなんです。経営は誰もが次の人へ承継していかなければならないのです。」

そう語るのは、サマンサジャパン株式会社（山口県周南市）の小野英輔会長（以下、小野会長）です。

１９５７年、山口県徳山市に巨大な工場が建ちました。出光興産の製油所です。製油所とは原油を処理してガソリン、灯油、軽油、重油、アスファルトなどを製造する工場で

す。小説『海賊と呼ばれた男』はあなたもご存じだと思います。出光興産の創業者、出光佐三さんがモデルとなった主人公の、挑戦に満ちた生涯と、小さな商店が大企業に成長する過程を描いた物語ですね。

出光佐三さんとの出会いをきっかけにサマンサジャパンの前身が生まれました。創業者の小野祥亮さんがビルメンテナンスの事業を起こし、出光興産の徳山製油所のビルの清掃を引き受け、事業は成長していきました。

小野祥亮さんより会社を受け継ぎ、事業をさらに発展させてきたのが小野会長です。同社は現在、従業員3000名以上を擁し、事業の内容は大きく広がり、病院の外来受付、カルテの運搬、医薬品の院内搬送、電話受付、そして、ホテルのベッドメイク、イベント会場の案内、さらには、建築、設備、警備、接遇等、業界屈指の優良企業として、おもてなしのサービスを提供しています。

4つの使命で社会に貢献

旭日小綬章。

それは、経営者や教育者をはじめ、科学、文化、スポーツなど各分野で活躍した人を対象に、社会への貢献を高く評価された人に国から贈られる賞です。俳優の津川雅彦、落語家の柳家小三治、魔女の宅急便の原作者である角野栄子なども旭日小綬章を受けています。2019年、小野会長はその章を受賞されました。旭日小綬章を受賞されたお気持ちと、後継者の育成について小野会長に伺いました。

「わが社は、4つの使命をもって事業を行っています。

一つは、お客様のためにです。わが社は繁栄と幸福を提供している会社です。業務のお手伝いをしているのではなく、繁栄のお手伝いをしています。お客様に喜んで頂くだけではなく、さらにその先をいく、「感動」をお届けすることを使命としています。

二つ目は、全従業員のためにです。従業員一人ひとりが人間性を高めていかなければなりません。能力を高めるだけでなく、人間として大きくなることが大事なんです。わが社は、そのための研修教育、能力開発に全力を注いでいます。全従業員に豊かな人生を歩んでもらいたいからです

三つ目は、地域社会に対してです。私達は会社の一員であると同時に、社会の一員です。社会に貢献してこそ企業価値があります。社会に対する貢献の第一歩は「親孝行」か

らはじまります。

四つ目は会社に対してです。私達は縁あって同志となった運命共同体です。同じ会社で仕事をするということは、尊い人生を分かち合うということです。理念を共有し、それを実践していく事が大事なんです。

この4つを徹底した経営してきたことが、旭日小綬章の受賞という結果になったと思っています。」

4人の経営チームで後継体制を築く

次に、後継者育成に要諦について伺いました。

「以前、後継者選びがうまくいかなかった経営者の知人がいたので、どうしてか聞いてみました。その彼が言うには、〝ナンバー・ツーとして仕事をしていた時は理想的な仕事ぶりだった。しかし、社長になったらまるで違った。〟そう言っていました。その話を聞いて、後継者を選ぶということは、それだけ難しいことだと思いました。

後続と後継は違います。後続とは〝後に続く〟と書きます。後続は出来上がったものに乗っかっているだけの人です。そんな人は何の挑戦もしませんし、何も成し遂げられません。時代はどんどん変わっていきます。今と同じことを続けていればいいというわけにはいきません。だから、後続の人に会社を任せることはできません。

それに対して、後継とは〝後を継ぐ〟と書きます。継ぐとは、〝後を引き受ける〟ということです。後継は、新たなことに挑戦し、事業を成長させることです。成果はどこで生まれるかと言えば現場なんです。知恵は現場にあります。その現場に入っていける人こそ、組織を通じて成果をあげ、事業を成長させることができます。そして、変化を恐れず、変化をチャンスに変えていくことです。

後継者として大事なのは、能力より情熱、そして人間性です。後継者に選びで大事なことは、自分とコミュニケーションと取れる人であること、根っこのところで通じ合えて、大事なことを分かち合うことができる人です。

私は48歳の時に社長になり、思い切って事業を大きく変革しました。次に社長になるのは専務です。ちょうど私が社長になった時と同じくらいの年齢です。自分がやってきたことと同じことを求める経営者がいますが、同じことを求めてはいけないと思っています。なぜなら、自分が社長になったときと、状況はまったく違うからです。

わが社は、チームで経営をやってもらうと考えています。経営チームのリーダーが専務、営業担当、教育担当、財務担当の取締役3名、計4名の布陣です。それに加えて、現場のことをよく知っている3人の者が経営企画室として、経営チームを支える役目を担ってもらおうと思っています。

経営には「変えてはいけないもの」と「変えていかなくてはならないもの」がありま す。わが社が築き上げてきた「あり方」は、変わらぬものとして、そのまま引き継いでいてほしいと思います。これが、「変えてはいけないもの」です。その一方で、世の中は変わっていきます。ゆえに、事業は常に新しい次元に進化させていかなければなりません。これが、「変えていかなくてはならないもの」です。

経営の「やり方」については、私が築き上げたやり方を敢えて押し付けることはせず、経営チーム4名と経営企画室3名で、新しい経営のやり方を一からつくらせているところです。

これが今、私が取り組んでいる後継者の育成です。

将来のわが社を背負って立つ後継者に貫いてほしいことは3つあります。一つは、理念を実践し、社長をはじめ経営チームで従業員に理念を伝えていってほしいと思います。二つ目はサービスの品質を高める活動、三つ目はわが社のサービスをお客様に知って頂く活動です。それらを貫いていけば、結果として、社会のため、お客様のため、さらには、従業員みんなのためになると信じています。」

重要なポイントだけを教え、あとは実践させる。ここに小野会長の生きた教育があると思いました。後継者の育成はどうあるべきか、私自身、学ばせて頂きました。

POINT

- **経営は、走り切って終わるマラソンではなく、次の人につなぐ駅伝。**
- **後継とは、新たなことに挑戦し、事業を成長させること。**
- **後継者として大事なのは、能力より情熱、そして人間性。**

06 あの、永守さんも後継者の育成を経営チームで

集団で経営する仕組み

「私にできてあなたにはできないこともあり、あなたにできて私にはできないこともあります。だから、ともに力を合わせれば、素晴らしいことができるのです。」

こう言ったのは、マザー・テレサです。

人間一人ひとり、得意なものがあれば得意でないものがあります。一人ひとり違うのですから、力を合わせればいいだけです。

日本電産の創業者である永守重信さんは、アメリカの経済誌『フォーブス』にも掲載された日本を代表する経営者の一人です。その永守さんの後を継いだのは、現在の表取締役

社長の吉本浩之さんです。吉本さんは、あるビジネス誌のインタビューで、集団で経営する仕組みをつくり、役員それぞれが自分の役割を担っている経営チームの姿を次のように語っています。

「創業者であり、オーナーである永守重信会長とは、しっかり役割を分けています。会社はCEO（最高経営責任者）として経営を統括し、私はCOO（最高執行責任者）として、日常のオペレーションを受け持つ。業績を計画通りに達成することが、私が追う責任です。とはいえ、「二頭政治はいかん」と常々会長には言われていますから、懸案、課題などの方策は私の方で決め、承認をもらう形で進めています。相当に任せていただいていると思っています。社長就任直後の2018年7月にはCOO会議も設けました。これは、COO（最高執行責任者）である私を中心に、CSO（最高営業責任者）、CTO（最高技術責任者）CFO（最高財務責任者）、CAO（最高業務管理責任者）の5人の「C」が毎週集まって、懸案、課題を議論する場です。カリスマに依存せず、集団で経営する仕組みというわけですね。しかし、変化に対する機敏さ、必ず目標を達成し抜く力は、日本電産の伝統ですからこれは必須です。何事にも、即座に動けなければなりません。（中略）これまで創業者の強い経営力で課題を突破してきました。しかし、今後は5

人「C」による集団指導、そして、ミドルの力をつけていくことが重要だと思っています。いわば創業者の強力な指導力で皆が一斉に走り出す経営から集団で自走する会社への転換です。（中略）創業者経営の良さを残しながら、全員経営へ。それを実現するのが、私も役割だと思っています。」（2019年1月「日経ビジネス」）

日本電産も経営チームをつくって、それぞれが得意な役割を果たしながら、世代交代をしているのですね。

POINT

- **一人の力に頼る経営から集団で自走する経営へ移行する。**
- **カリスマに依存しない集団で経営する仕組みをつくる。**
- **世代交代は、「後継者の育成」よりも「経営チームの構築」が先行する。**

07

創業時にホンダもつくった経営チーム

ホンダが築いた集団経営体制

本田技研工業の創業者の一人、藤沢武夫元副社長は次のように言っています。

「取締役とは未知への探究をする役です。取締役が未知への探究をしないで、後始末ばかりしている掃除屋であってはならない、というのが私の考えです。

取締役になるくらいの人は、なんらかのエキスパートです。そういう人の担当部門をなくしました。取締役の本部長兼任を外したのです。何もないゼロのなかから、うちの会社はどうあるべきかを考えるのが取締役の役目で、日常業務を片付けるのは部長以下の仕事だ。だから、〝役員は何もないところからわが社はどうあるべきかを考えてほしい〟と私はいったんです。そうしたら、長い間工場にいたから本社に来てもしょうがないとか、やれいままでは経理をやっていたとか、営業だと、いろいろなことをいうわけです。とにかく、みんなで毎日ムダ話をしていてほしい、といっているうちに、いろいろなことが出てきました。それまでは各部のなかにおける話題だったものが、取締役としての話題になると、そこに共通の考えがどんどん分厚になってきました。アメリカでの売行き不振とか欠陥車などの大問題が起こったときも、非常にレベルの高い集団思考が行われました。もし私が会議の主導権を握っていたら、それほどレベルの高い判断は出てこなかっただろうと思います。これからの発展も期待できなかったと思います。

こうして、もはや本田なり私なりが決めるのではなく、下からのアイデア、上からのアイデア、いろいろなものをこねまわし、集団思考でやっていける体制づくりが完成していったわけです。

要するに、本田宗一郎がいなくなったらどうするかというところから発想したことです。本田の未知への探究という基本は貫かなければなりませんが、彼にも寿命があり、個人の挑戦には限界があります。彼の知恵が尽きても、それに代るものがどんどん現れてくるような、本田と私がいなくなっても会社が伸びていくような集団経営体制をつくったつもりです。」

以上が藤沢武夫さんの言葉です。

その中に、「経営チーム」という表現は出てきませんが「集団経営体制」とは、まさに「経営チーム」のことです。ホンダの創業者二人は、社長、副社長である自分たちがいなくなっても会社が伸びていくように経営チームをつくったのです。

言うのは簡単ですが、部門長を日常業務から切り離し、取締役に引っ張り上げることは、そう簡単にできるものではありません。実際、多くの会長や社長は、

「今の営業部長や管理部長を日常業務から切り離すわけにはいきません。」

と言います。しかし、ホンダの創業者二人は、部門長を日常業務から切り離す不安を乗り越え、やがて後継者となるであろう、各部門長を日常業務から切り離し、取締役に引き上げたのです。その勇気に頭が下がります。

成功している企業には経営チームがある

「草創期においては、企業は一人の人間の延長である。しかし、一人のトップマネジメントからトップマネジメントチームへの移行がなければ、企業は成長どころか存続もできない。」

これは、ドラッカーの言葉です。この言葉がそのままホンダに当てはまります。「草創期においては、ホンダは本田宗一郎という一人の延長だった。しかし、社長一人で仕切る経営から集団経営体制に移行したことによって、ホンダは本田宗一郎と藤沢武夫が退任したあとも事業は成長し、会社は存続した。」

ホンダは、「新しい価値を創り上げていくためには個人の力だけではなく、役員が自由に意見を交換し、個々の持てる力を結集した集団経営体制が必要であり、役員同士が日頃から顔を合わせて信頼関係を高め、情報や認識の共有をして仕事をする」という創業者二人の考えが受け継がれています。

これはあくまでも一つの事例であって、「こうしてください」というものではありません。会社はそれぞれです。ホンダはホンダのやり方でうまくいったのです。

御社も御社のやり方を見出して、御社の成功を築いてください。

経営チームに関する詳細は、拙著（『ドラッカーが教える最強の経営チームのつくり方』）（出版：同友館　著者：山下淳一郎）をお読み頂けると、さらに理解を深めて頂くことができます。売込みではありませんが、贈呈させて頂きます。info@topmanagement.co.jp にご連絡頂ければ、企業経営者様に限り、お送りさせて頂きます。

あなたの後継者育成の取り組みが順調に進みますように。

そんな願いを込めてお伝えします。後継者の育成を成功させるために、ぜひ経営チームをつくってください。あなたの後継者育成の取り組みが、無駄にならないために、次の章で、**『後継者の育成がうまくいかない9つの原因』**について、お伝えします。それが分かれば、「すべきこと」と「すべきでないこと」が明らかになり、後継者の育成をより一層、成功に近づけることができます。

POINT

- **世代交代の成功の鍵は、集団経営体制をつくることにある。**
- **役員同士が日頃から顔を合わせて情報共有しなければならない。**
- **自由に意見交換でき個々の力を結集できてはじめて経営チームと言える。**

Action Point

- 部門長の中でマネジメント能力を発揮している人を5人見つける。
- 事業の成長が生む危機に遭遇しないために5人で経営チームをつくる。
- 週一度、経営チームで事業の成長にとって重要な活動を話し合う。
- 主要なメンバーに敢えて話し合って決めるやり方で進める。
- 会社の存続と成功を左右する重要な活動は何かリストアップする。
- それぞれの強みに応じて役割分担を決める。
- 誰か一人に引き継ぐのではなくチームに引き継げる状態をつくる。
- 経営チームで日頃から顔を合わせて情報共有を行う。
- トップは「自分は何を貢献できるか」を考え、やらないことを決める。

CHAPTER 3

第3章

後継者の育成がうまくいかない9つの原因

成功の鍵は責任である。自らに責任をもたせることである。
あらゆることがそこから始まる。
大事なものは、地位ではなく責任である。

ピーター・ドラッカー『仕事の哲学』

01

アスクマンの育成

一人ひとりが力を発揮する組織

「彼は、朝は早くに起きてすぐ仕事に取り掛かり、夜遅くまで執務しています。どんな細かい事でも、部下に任せにせず、自分ですべて指示を出しています。」

これは、三国志の時代、諸葛孔明《しょかつこうめい》が病《やまい》を患《わずら》い、もうじき死んでしまうかもしれないという頃、諸葛孔明の働きぶりを偵察にきた敵国の使者が、上に報告したときの言葉です。

劉備玄徳《りゅうびげんとく》がトップに就いていた頃の蜀《しょく》は、優れた人材がたくさんいました。一人ひとりが個性という色彩を放っていました。それぞれが持てる力を発揮して、一人ひとりが固有の存在として輝いていました。

「あの絶体絶命の中で逆転勝利できたのは、張飛《ちょうひ》の勇気が敵軍を恐れさせからだ。」「あの戦いは、趙雲《ちょううん》の活躍で勝利の突破口が開かれた。」「あの決戦は、関羽《かんう》のとっさの判断で全軍の士気が上がった。」いつも誰かの活躍を耳にし、いつも誰かが誰かを称え、いつも自分たちがあげた成果を喜んでいました。

トップ一人が力を発揮する組織

諸葛孔明がトップになってから、誰かの活躍を聞くことがなくなりました。「あの絶体絶命の中で逆転勝利できたのは、トップの戦略が敵軍を負かしたからだ。」「あの戦いは、トップの指揮で勝利の突破口が開かれた。」「あの決戦は、トップの激励で全軍の士気が上がった。」いつも孔明の支えに安堵し、いつも誰かが孔明に感謝し、いつも孔明の作戦があげた勝利を称えていました。諸葛孔明ひとりが輝いていました。

まるで、優れた人材が一人もいなくなったかのようでした。事実、孔明は「蜀には人材がいない」と嘆いていました。その現実は、トップの孔明自身がつくっていたのです。孔明は、すべてのことに首を突っ込み、部下に何も任せず、何でも自分でやろうとする人でした。

自分の頭で考えることをやめる

諸葛孔明は、「部下をどう使うか」を考え、「部下をどう生かすか」という考えを持ちませんでした。自分の意のままに動いてほしいという想いが強いあまり、どんなに細かいことでも、一から十まで指示をしていました。結果として、「指示どおりに動く人」をつくってしまったのです。

それは、「後継者の育成」ではなく**「イエスマンの育成」**です。

〝イエスマン〟は、まだいいとしましょう。お願いしたことを実行してくれるからです。最悪なのが〝アスクマン〟です。部下に考えさせるべき仕事を部下に考えさせず、常に、〝あーしろ、こーしろ〟と指示を出し続ければ、やがて部下は自分の頭で考えることをやめます。そして、「この件はどうすればいいでしょうか？」「確認しましたがダメでした、で、どうすればいいでしょうか？」「先方はこう言ってきました。どのように返答すればいいでしょうか?」というように、何から何まで、あなたに指示を仰ぐようになります。最悪ですよね。

それは、「イエスマンの育成」を超えた**「アスクマンの育成」**です。

以上が、**「後継者の育成がうまくいかない9つの原因」**の1つです。

後継者に勉強会やセミナーに参加させ、どんなに経営を学ばせても、イエスマンとアスクマンをつくるやり方をしていれば、誰も自立してくれません。誤解があってはいけませんので補足させてください。勉強会やセミナーが意味ないと言っているのではありません。勉強会やセミナーはどんどん参加させてあげてください。お問合せ頂ければ、いい勉強会やいいセミナーを紹介させて頂きます。お伝えしたいことは、あなたの行っていることが、後継者の育成にかなっていなければ、あなたとあなたの後継者の努力は完全に打ち消されてしまう、ということです。では、どうすればいいのでしょうか。

ドラッカーはこう言っています。

組織内の才能と能力を発掘し、主体性を奨励し、能力を発揮させ、成長させるとともに、これに社会的、経済的地位をもって報いなければならない。（『企業とは何か』）

社員一人ひとりの才能と能力を掘りおこし、自分のやり方で仕事に取り組むことを奨励していこう、ということですね。御社のお一人おひとりが個性という色彩を放ち、それぞれが持てる力を発揮するように取り組んでください。そんな風土があればこそ、後継者が育ってきます。

POINT

- **トップが後継者の仕事に口出しをすれば後継者は自分で考えなくなる。**
- **トップがすべてのことに首を突っ込むと後継者は育たない。**
- **トップの課題は「後継者をどう使うか」ではなく「後継者をどう生かすか」。**

02 合意なき期待

覚悟の共有

「来年の6月の決算時に黒字にできなければ、責任をとって社長を辞め、役員も総退陣してもらいます。」

これは、株式会社はとバスの元社長、宮端清次さんが社長の就任あいさつの時に言った言葉です。

第1章でお伝えしたとおり、当時、はとバスは70億円もの借金にくわえ、4年連続赤字で倒産寸前の状態でした。結果は、1年で黒字にすることに成功し、借金も4年で完済しました。宮端さんは、

「トップは逃げ道をつくってはダメだ。トップに立ったからには、退路を断つしかない。トップと役員は運命共同体で、危機感と使命感を共有する必要がある。役員にも、連帯責任を取ってもらう。」と考えていました。彼は、自ら覚悟を決め、その覚悟を宣言すると同時に、その覚悟を共有したのです。


社長から会長に勇退する多くの方は、後継者にこう言います。

「社長をやって一年後に結果が出なかったら社長を降りなさい」

それは、「1年後に結果が出せなかったからと言って、社長を辞めさせるという乱暴な物言い」ではありません。「私もそれなりと覚悟をもって取り組むのだから、君もそれなりの覚悟をもって取り組みなさい」という念押しです。その念押しが、「社長をやって1年後に結果が出なかったら社長を降りなさい」という表現になっているというだけのことです。

「私もそれなりと覚悟をもって取り組むのだから、君もそれなりの覚悟をもって取り組みなさい」これが、「覚悟の共有」です。後継者の育成にあって、この「覚悟の共有」は必須です。

合意なき期待

ある企業でこんなことがありました。

社長は会長となり、役員の一人が新しく社長に就き、経営陣の世代交代が行われました。社長職の責任と権限が新しい社長に委譲されたわけです。会長は社長職の責任と権限を委譲した人であり、新任の社長は社長職の責任と権限を委譲された側です。

「社長をやって一年後に結果が出なかったら社長を降りなさい」という厳しい条件を突きつけられてスタートしました。1年後、会長は社長に対して、「彼は結果を出せていない。」という認識を持ちました。

ところが、社長本人は「自分は十分な結果を出した」という認識を持っていました。

ある日、「君は結果を出せていない」「いいえ、ちゃんと結果を出しました」という激しい議論になりました。それは議論というより、〝ぶつかり合い〟でした。残念なことに、お互いがお互いに憤慨するという事態になりました。なぜ、このような認識違いが起こってしまったのでしょうか。

社長は「前年度よりも売上の額を上げること」が自分があげるべき成果であると考えていました。事実、社長は身を粉にして前年度よりも売上の額を上げるために全力で仕事に当たりました。あとでわかったことですが、会長の考えはそうではありませんでした。

社長は「前年度よりも売上の額を上げること」が、自分があげるべき成果だと考えていました。事実、社長は身を粉にして前年度よりも売上の額を上げるために全力で仕事に当たりました。会長の考えはそうではありませんでした。

会長は「1年後に新しい事業を起こすこと」が、彼があげるべき成果だと考えていました。

「1年後に結果が出なかったら社長を降りろ」という厳しい条件は、会長と社長の間でお互いの合意があったものの、肝心な成果の内容について、2人の間でなんら確認はなされてなかったのです。

この会社は、後継者の育成に取り組みながらも、会長は「命令する人」、社長は「命令に従う人」という慣習はすぐには変わりませんでした。長年培われてきたその慣習があだとなり、会長と社長の間に十分な意思の疎通はなく、結果に対する両者の考えが合致していなかったのです。

これが「合意なき期待」です。

この企業は、経営チームをつくり、後継者を育成しようとしながらも、現実は「会長が命令して社長が従う」という従来の関係の中で物事が決められていくだけでした。

以上が、**「後継者の育成がうまくいかない9つの原因」**の1つです。

合意なき期待とは、「自分が頭に描いたものを他の人が実現してくれるという思い込み」です。それを心待ちにすればするほど、いら立ちが先行し、悲しみと怒りが残ります。後継者を勉強会やセミナーに参加させ、どんなに経営を学ばせても、トップの合意なき期待が、後継者を潰してしまいます。そうならないために、どうすればいいのでしょうか。

ドラッカーはこう言っています。

委譲した権限の内容、目標、期限を明確にしなければならない。委譲した者と委譲された者の間に期待と責任についての理解がなければならない。（『非営利組織の経営』）

ここでドラッカーが言っている、〝委譲した権限の内容〟とは、「社長があげるべき成果」のことです。会長と社長の間に「社長があげるべき成果」の期待と責任についての理解がなければならない、ということです。

成果をあげるために、合意なき期待にとどまらず、期待の合意をつくり出してください。

POINT

- **会長になる人と社長になる人は、お互いに共通の覚悟が必要。**
- **会長と社長の間で何を成果とするかについて合意がなければ必ずもめる。**
- **あげるべき成果について予め話し合って決めておかなければならない。**

03 泣いて馬謖《ばしょく》を斬る

経営人材の育成を行ってこなかったツケ

「部下の手柄は上司のもの、上司の失敗は部下の責任。」

これは、かつてＴＢＳで放送されたテレビドラマ『半沢直樹』で、俳優の香川照之さんが演じる大和田常務が言ったセリフです。ある会社に、その大和田常務そっくりの常務がおりました。

その会社の年商規模は２００億円、社長は世代交代の準備に入り、

「後継の経営チームをつくって、今の副社長に社長を引き継ごう」

と考えていました。経営体制は、社長（69）、副社長（47）、常務（54）の３人でした。事

業規模の割には、けっして強い布陣とは言えません。社長は、社長室に籠りっ放しの人だったため、実際に、事業を統括していたのは、副社長と常務のお2人でした。年商200億規模の事業を2人の役員で統括するのは、手が回らないことは明らかでした。打つべき手は打たれず、放置され問題は、誰の解決の手にもかけられず、ただ大きくなっていくばかりでした。業績は低迷し、退職者は増え、事業も組織も人もどんどん痛んでいくだけでした。

それは、これまで経営人材の育成を行ってこなかったツケが露呈した姿と言えました。

社長は会長に、副社長が社長に

社長、副社長、取締役の3人に、営業部長(49)、管理部長(51)の2人を加え、計5人体制で、経営チームをつくることになりした。

やがて社長が会長となって、社長が経営の第一線から退けば、今5人体制でスタートしても、経営チームはすぐ4人になってしまいます。社長にその旨を伝え、経営チームの人数を増やす提案をしました。しかし、経営チームに引き上げる適任者がいないという理由で、5人体制で経営チームの構築をスタートしました。

1年後には、営業部長と管理部長が執行役員に昇進し、その2年後には、社長は会長に、副社長が社長となり、社長の世代交代に無事になされました。しかし、経営チームはチームとして機能するまでに至りませんでした。

何かがおかしいのです。

人と組織を破壊するもの

ある日、会長からびっくりすることを知らされました。次世代を担う後継の経営チームの中に、パワハラ常習犯の役員がいるというのです。その役員は社内で、恫喝、侮辱、暴言は日常茶飯事で、事実、たくさんの退職者が出ていました。その人が、さきほどお伝えした『半沢直樹』に出てくる大和田常務に似ている人です。

経営チームは、組織の最高意思決定機関です。その経営チームの中に、パワハラ常習犯がいたのでは、会社が健全な状態でいられるはずがありません。会長から事業を引き継いだ社長は、世に言う典型的な良識人で、大きな改革をするタイプではなく、常務の不正をただすこともせず、社員の矢面に立つことなく、ただパワハラ常習犯の役員に頭を悩ましているだけでした。

ドラッカーはこう言っています。

部下たちは、無能、無知、頼りなさ、無作法など、ほとんどのことは許す。しかし、真摯さの欠如だけは許さない。そして、そのような者を選ぶマネジメントを許さない。（『マネジメント』）

ここで言うマネジメントとは〝経営者〟のことです。ドラッカーの言葉をこの会社に置き換えて言えば、

「社員は、無能、無知、頼りなさ、無作法など、ほとんどのことは許す。しかし、パワハラ常習犯の人間をそのままにしておく会長と社長を許さない。」

ということになりましょう。

事実、社内では、「問題は、パワハラ常習犯の常務ではなく、その不正を容認している会長だ。」といった声があがるようになりました。もちろん表立って、会長に不満をぶつ

ける人はおりませんが、会社は完全に健全性を失っていました。

それは、あってはならない絶対の基準

泣いて馬謖《ばしょく》を斬る。

ここでいう「泣いて」とは、〝断腸の想いで〟という意味です。馬謖《ばしょく》とは〝中国の歴史に登場する人の名前〟です。「斬る」とは斬首刑のことで、現代風に言えば、〝辞めてもらう〟という意味です。言葉をつなげると、

「断腸の想いで、馬謖に辞めてもらう」

となりますね。それは、

「たとえ組織になくてならない人であっても、その人が不正をしたら、厳しく処分しなければならない。特別扱いや依怙贔屓《えこひいき》はもってのほか。**会社は、私情は排除して公正でなければならない。それが、人の上に立つ者の責任である。**」

という教訓を示す言い伝えです。

中国の三国時代、蜀《しょく》という国に、将来を期待されていた馬謖という幹部がいました。諸葛孔明《しょかつこうめい》は、彼を自分の後継者として期待をかけていました。馬謖は、魏という国との戦いで、諸葛孔明から必勝の作戦を授かり、その指揮官に任命され、出陣しました。ところが、彼は戦場に行くと、諸葛孔明の命令に従わず、戦いに敗れてしまいました。それは上司を見下し、上司の作戦に背いた、傲慢さが招いた大敗でした。軍の命令に背けば処刑。それが、この時代の常識であり、組織の規則でもありました。

諸葛孔明は、馬謖に期待し、本人の活躍を頼りにしていただけに、できることなら、刑に処すことは避けたかったのです。馬謖を刑に処すことは、将来の蜀にとっても痛手でした。しかし、諸葛孔明は、私情を抑えて馬謖を斬罪に処す決断に踏み切りました。

これが、「泣いて馬謖を斬る」です。

以上が、**「後継者の育成がうまくいかない9つの原因」**の1つです。

後継者に、勉強会やセミナーで経営を学ばせたり、後継の経営チームをつくっても、経営チームのメンバーに不正があったり、また、それをトップが容認してしまえば、後継者の育成も、経営の承継もうまくいきません。では、どうすればいいのでしょうか。

ドラッカーはこう言っています。

真摯さそれ自体だけでは何ものももたらさない。しかし、それがなければ他のあらゆるものが台無しとなる。真摯さの欠如だけは、あってはならない絶対の基準である。（『経営者の条件』）

真摯さだけで何かを成し遂げられるわけではありません。しかし真摯さがなければ、あらゆるものが破壊されます。まずはトップの信頼性から破壊されていきます。まさに、その企業で起こっていたことです。

不正に大きい小さいはありません。社内で金銭問題や異性問題を起こしたら、その人は終わりです。当然です。そこに議論の余地はありません。**トップは組織の規律を守るために、不正に関しては厳しく対処しなければならない**のです。

ある日を境に、大和田常務に似た例の常務を見なくなりました。なんの音もしない静かな会長室。いるのは、会長と私だけでした。座った時は冷たく感じた革のソファーも、熱く感じていました。

「山下さん、泣いて馬謖を斬る…、だっけ?」

「はい…」

「実行したよ。胃に穴が開きそうだったけどな。」

「そうですかぁ…、会長の英断を尊重します。」

泣いて馬謖を斬る　完

後継を担う経営チームの人選と組織の規律を守ることは極めて重要です。経営チームの人選は慎重に行ってください。**経営チームの一員にすべきかどうかの判断基準は、「部下がその人の仕事ぶりを真似するに値するかどうか」の一点です。**

POINT

- **致命的な人選は、経営の承継をすべて台無しにする。**
- **後継の経営チームに不正があれば、経営の承継は失敗に終わる。**
- **トップが不正に厳しくない企業に未来などあり得ない。**

04 グーグルを作ったラリー・ペイジの教訓

意思決定を行う場がない

「我々幹部は毎日、数時間を共に過ごし、他の時間はそれぞれ自分のチームと仕事をするという形にすれば、もっと仕事がスムーズに進むと考えました。」

これは、米国グーグルを設立した一人、ラリー・ペイジの言葉です。

ラリー・ペイジがいう「我々幹部」とは、経営チームのことです。「数時間を共に過ごし」とは、もちろん、一緒にコーヒーを飲んでいた、というわけではありません。経営チームで、情報共有すべきことを情報共有し、話し合うべきことを話し合い、決めるべきことを決めていたのです。**「意思決定する場があったからこそ組織はうまく機能する」**ということです。

ある企業でこんなことがありました。

「この件どうすればいいでしょうか？」課長が部長に指示を仰ぎました。部長は「ぼくじゃわからないから本部長に聞いてみる。」そう言って、部長は本部長に連絡しました。話の内容は少し変わった形で本部長に伝わりました。

本部長は「ぼくじゃわからないから専務に聞いてみる。」そう言って、本部長は専務に連絡しました。話の内容はさらに変わった形で専務に伝わりました。

専務は「ぼくじゃわからないから社長に聞いてみる。」そう言って、専務は社長に連絡しました。話の内容はまったく違う形で社長に伝わりました。

社長は「ぼくじゃわからないから会長に聞いてみる。」そう言って、社長は会長に連絡しました。ここまでくると、話の原形はなくなっています。会長に伝えられた内容は、課長が部長に聞いたものとまったく別なものになっていました。

これが、意思決定を行う場をもたない会社の状態です。

間違った情報に対する正しい指示は確実に事業を後退させる

会長は、すっかり変わった情報をもとに指示を出します。会長は社長に、「その件はこうしなさい」と「指示」を出します。それを受けた社長は「了解しました」と言って、専務に「指示」を伝えます。それを受けた専務は「了解しました」と言って本部長に「指示」を伝えます。課長は自分に届いた指示を聞いて、こう言いました。

「私はそんなことを聞いていません。ところで、例の件はどうすればいいんですか?」尋ねたことが答えとなって返ってくるのにかかった時間は2週間。自分のところにやってきたのは的の外れた指示で、現場は困り果てていました。

正しくない情報をもとに出した指示ですから、たとえ会長の指示とはいえ、現場はそのまま実行することができません。会長は、自分の指示通り実行していない現場を知ると、

「なぜ私の言った通りにしないんだ!」

と現場を叱り付けました。致し方なく課長は会長に事情を説明すると、会長は、

「私はそんなことは聞いていない！」

課長も、

「はい、私もそんなことは申しておりません」

こんなことが日常茶飯事起こっていました。これでは、仕事がスムーズに進まないですよね。経営チームが意思の疎通をしていないために、的の外れた決定や不適切な指示が起こり、現場の混乱を引き起こしていました。

マネジメントは必要

経営チームが、定期的に集まることもなく、情報共有すべきことを情報共有せず、話し合うべきことを話し合わず、決めるべきことを決めなければ、仕事がスムーズに進むはずがありません。組織は混乱し、後継者の育成どころではありません。


以上が、**「後継者の育成がうまくいかない9つの原因」**の1つです。

どんなにあなたが、後継者を勉強会に通わせ、マネジメントを学ばせても、学んだことを生かす場所がなければ、後継者として成長していきません。では、どうすればいいのでしょうか。

ドラッカーはこう言っています。

小企業は、大企業以上に組織的かつ体系的なマネジメントをもたなければならない。確かに大仰な本社スタッフは要らない。込み入った手法や手続きも要らない。そのようなものをもつゆとりはない。だが、高度のマネジメントはもたなければならない。（『マネジメント』）

組織の大きさに関わらず、そこに人間がいる以上、マネジメントは必要です。ここでいうマネジメントを噛み砕いて言えば、〝意思の疎通〟です。

「経営チームは精力的に意思の疎通に取り組まなければならない」とドラッカーは言っています。経営チームは、会社で一番多くの仕事を抱え、会社で一番忙しい人たちです。その人が集まらなければなりませんし、それぞれ、見ているものも見えるものも違うために、意思の疎通はエネルギーを使います。

「話し合う時間がもったいない」と思うかもしれません。しかし、「話し合う時間をもたないために起こる、その混乱に振り回される方がもったいない」のです。

御社の後継者育成が万事うまくいきますように。

そんな想いを込めてお伝えします。ぜひ、経営チームで情報共有すべきことを情報共有し、話し合うべきことを話し合い、決めるべきことを決める、そんな「意思疎通の場」を定期的にもつようにしてください。組織にそのような「まとまり」があればこそ、後継者の育成が可能となります。

POINT

- **意思決定する場がなければ組織は機能せず、後継者は育たない。**
- **成果の良し悪しは、マネジメントの良し悪しで決まる。**
- **マネジメントの動力源となる経営チームがなければマネジメントもない。**

05 トップしか何も決められない風土

あなたはどちらのタイプですか

「内に患あらば、これ張昭《ちょうしょう》に問え。外に憂いあらば、これ周瑜《しゅうゆ》に問え。」

これは、中国の三国時代、呉《ご》という国の孫策《そんさく》という武将が、その国のトップに言った言葉です。これを会社に置き換えて言うと、こうなります。

「社内のマネジメントは張昭さんに、戦略は周瑜さんに、相談してください。」

組織運営は昔から、役割分担で成り立っていたのですね。**後継者の育成も、基盤となるものは組織運営です。一人の後継者が、ありとあらゆることを一人でできるようにはならないからです。**結局は、人と力を合わせて事業を進めていくことになります。だから、組織

運営が基盤となるのです。組織運営の鍵は、「役割を分担する」ということです。それは、昔からの〝決まり〟、くらいに思いましょう。噛み砕いで言えば、「トップ一人で何でもやらない」ということです。

「外部と良い関係をつくること」に強みをもつ社長が、無理をして、社内のマネジメントも一身に引き受けようとするあまり、かえって成果をあげられていない、ということが、多くの会社で起こっています。そんな会社にかぎって、社内のマネジメントの問題を引き起こしているのは、たいてい社長本人だったりします。大事なことなので繰り返しますね。

「役割を分担する」ということは、昔からの〝決まり〟と思ってしまいましょう。

あなたは、張昭と周瑜のどちらのタイプですか。得意なことに応じて役割を分担してくださいね。

トップの言う通りに動くだけの役員

ある企業でこんなことがありました。

その会社は、社長一人の力で成長してきました。社長一人であらゆる決定を行い、社長一人であらゆることをコントロールしてきました。社長の下には副社長がいましたが、主要な取引先を担当する営業マンとしての動きしかしていませんでした。彼は仕事の範囲を社長からそのように制限されていました。また、ほかの役員は自分の考えで何かを決めることは許されず、社長は彼ら役員を平社員のように扱っていました。

副社長は、「このままではよくない」と思い、そんな状況を憂慮していましたが、社長の剛腕によってこの会社が成長してきたことは事実であり、社長に対しては、かなりの遠慮がありました。

役員の中に一人として、自分で考え、自分で決定することのできる人間がいないということが明らかになりました。すべての役員が、長い間、社長に頼ることに馴れてしまっていたのです。問題は、「後継者の育成」ではなく、「後継者の候補」さえ一人もいないといいうことでした。

以上が、**「後継者の育成がうまくいかない9つの原因」**の1つです。

これは、後継者不在という、育成以前の問題ですが、本書のテーマである、〝育成〟という視点から反れないようにお話を進めたいと思います。

しかるべき試練を経た人が後継者として選ばれる状態をつくるために、どうすればいいのでしょうか。

ドラッカーは、こう言っています。

トップマネジメントの役割が多様な能力と資質が必要であることから、トップマネジメントの役割のすべてを複数の人間に割り当てなければならない。（『マネジメント』）

トップマネジメントの役割とは経営者の役割のことです。経営者の役割は、異なる種類の仕事がいくつもあるため、それらの仕事は、複数の人間で役割分担しなければなりません。経験を積ませてあげることによって、やがて後継者の候補となる人が育ってきます。

このパートのはじめでお伝えした通り、後継者育成の基盤となるものは、組織運営です。組織運営の鍵は「その人の得意なことに応じて役割分担する」ということです。「トップ一人で仕切らない」ということです。

今日から、得意なことに応じて役割を分担していきましょう。それが、御社の未来につながっていきます。

POINT

- **トップ一人で仕切っていたら全員がハッピーでない結末となる。**
- **部下を使い捨てるトップに後継者は育成できない。**
- **多くの協力者がいることを忘れた組織からは後継者は輩出されない。**

06

取締役兼○○部長による弊害

人の成長と組織の繁栄に直結するもの

「上田君は取締役なのに営業の仕事しかさせていない。それは私もよくわかっている。彼を上に上げたいのは山々だが、彼を現場から外せば売上が落ちてしまう。あの現場は上田君でなければダメなんだ。彼に役員として動いてもらいたいが当面は今のまま、現場のトップとして売上を上げることに専念してもらおう。」

これは、ある企業の社長から聞いた言葉です。

この企業は、毎年次の年度の経営計画を考える時期になると、会長と社長でこんな話をしています。

「岡村さんを上にあげましょう。」

「じゃぁ、現場は誰が見るんだ。」

「橋本君は来期から役員一本で動いてもらおうと思っています。」

「そうは言っても、橋本君の後任がいないじゃないか。」


人材は、需要に対して、その供給が常に足りないものですね。「自分の力で成果をあげる仕事」と「人の力を引き出して成果をあげてもらう仕事」はまったく違う仕事です。「自分の力で成果をあげる仕事」に成功した人は、「人の力を引き出して成果をあげてもらう仕事」に移行させ、活躍の場をどんどん上げていかなければなりません。そうしなければ、人の成長がそこで止まってしまうからです。

思考の混乱の中にいる

経営チームをつくって成長してきた企業の役員は、組織が大きくなる前、かなり早い段階から部門の責任者を離れて、経営チームの専任として動いています。経営チームが全員が、自分の時間のすべてをトップマネジメントの仕事に充てることができています。経営の視点に立って、会社全体を見渡し、物事を考えることができます。

それに対して、経営チームをつくらずに成長してきた企業の役員は、部門の責任者を兼任しています。いわゆる、取締役件○○部長という役職を持つ人たちです。組織はある程度大きくなっており、諸々の事情から、経営チームの人たちは、今すぐに部門の責任者を離れて経営チームの専任になることはできません。

部門の責任者を離れていないため、当然、自分の時間のすべてをトップマネジメントの仕事に充てることはできません。また、経営者としての思考と部門の責任者としての思考、この異なる2つの思考を一度に持たなければならないため、完全に経営の視点に立って、物事を思考することはできません。絶えず思考の混乱に苦しみます。営業部長は、営業部の責任を担っているからこそ営業部の全体が見ることができ、営業部を方向付けすることができます。同じように、経営チームは、何らかの形で経営の一端を担っているからこそ会社全体が見ることができ、会社を方向付けすることができます。取締役兼営業部長が日々やっている仕事は営業です。しかし、経営会議に参加すると、

「取締役として、君はどう考える？」と聞かれます。本人は絶えず、そんな思考の混乱の中にいます。

取締役兼○○部長は、自分が担当する部門の成績を追求するため、取締役の方の仕事がどうしても疎かになります。「まずは、自分が担当するところをしっかりしなければ何も言えない…」。人間どうしても、そんな心理になるからです。その結果、取締役という役職を持ちながらも、○○部長としての動きしかなくなっていく傾向にあります。経営の視点に立って、会社全体を見渡し、物事を考えるという機会を失っていきます。

トップの責任を担う者

幹部は会社が決めた方針や戦略を理解し実行する人です。経営人材は会社の方針や戦略を決める人です。

取締役とは、「歯車を回転させる人」であって、「歯車となって回転する人」ではありません。一度にその両方はできません。

これが、取締役兼○○部長による弊害です。

以上が、**「後継者の育成がうまくいかない9つの原因」**の1つです。

後継者がどんなに経営を学び、視点を高めても、優れた知識やスキルを身に付けても、「取締役兼○○部長」の○○部長をいつか解いてあげなければ、常に現場の仕事に引っ張られたままでは、後継者の育成にはならず、世代交代はそこで止まってしまいます。そうならないために、どうすればいいでしょうか。

ドラッカーはこう言っています。

トップマネジメントの責任を担う者は、トップの役割ではない責任を担わなくてもすむようにすることである。（『マネジメント』）

経営チームのメンバーは、兼任している現場の責任者から外してあげよう、ということです。歯車を回転させる責任をもっている人は、歯車となって回転しなくてもいいようにしてあげましょう。

口で言うほど簡単ではないことはよく知っています。しかし、御社のさらなる発展のために、敢えて申しあげます。1日も早く、経営チームの取締役兼○○部長から、○○部長を解いてあげてください。

POINT

- **後継者は「歯車を回転させる人」であって「歯車となって回転する人」ではない。**
- **取締役件○○部長は、後継者育成の弊害となる。**
- **1日も早く取締役兼○○部長の○○部長を解いてあげる。**

07 後任を業務の連絡係に追い込む

来たるべき混乱

「上から命令してもうまくいかない。命令しても結局は疲れるだけなのだ。社員を一見、思い通りに動かせたとしても、意欲が伴わなければどうしようもない。大切なのは、会社としての将来の方向性を決定することだ。」

こう語るのは、米国の大手医療品メーカー、ジョンソン&ジョンソンの元社長ラルフ・ラーセンです。

ある企業でこんなことがありました。

急成長したその企業は、急速に組織が拡大していきました。採用もさることながら、育成はさらに追い付いていきませんでした。社長は、そんな組織の混乱を改革しようと取り組んでいました。毎年、経営チームで事業計画をつくっていました。しかし経営チームは、社長の考えを反映した資料をつくらされているに過ぎませんでした。社長はこれまでの仕事のやり方を変えていきました。具体的には、自分の考えを経営チームに押し付けるのではなく、経営チームのメンバーそれぞれの考えを引き出すことに変えました。自分の頭で考え、責任をもって、事業を推し進める文化をつくろうとしていたからです。

誰もが、「自分が与えられている権限の枠を越えた行動」や「頼まれてもないことを行う勝手な行為」は避けたいと考えます。良識ある組織人だからです。ゆえに、誰もが「この件は自分決めていいのだろうか」「これは上に聞いた方がいいかなぁ」といった戸惑いに遭遇することがあります。細心の注意を払っているにも関わらず、「これは自分の判断でやってもいいだろう」と考え、よかれと思って起こした仕事に限って、上から「誰の許可を得たのか！」とお叱りを受けます。何がよくて何がダメか、さっぱりわからなくなる――。

これが、来たるべき混乱です。

起こりうる脆弱性

社長を受け継いだ後継者は、そのような混乱を回避しようとするあまり、何から何まで会長に報告しては、会長の指示を仰ぐ様になり、いつの間にか、「経営の責任者」ではなく、「業務の連絡係」となってしまう傾向にあります。会長は、そこから得られる安心感から、経営チームのリーダーたる後継者からの、こまめな報告を快く受け入れます。

時の経過とともに、それが定着すると後継者は、「相談役や会長にきちんと報告さえしていればいい」という錯覚に陥り、気が付くと、報告そのものが仕事となってしまいます。助手扱いされる経営チームが助手以上の働きをすることはありません。仕事の範囲を制限しすぎるために、助手の働きしかさせてもらえない経営チームは、やがて後継者として力を発揮しなくなります。報告そのものが仕事となってしまえば、それは長い目で見た場合、意思を持たない脆弱な経営チームをつくることに繋がります。

これが、起こりうる脆弱性です。

以上が、**「後継者の育成がうまくいかない9つの原因」**の1つです。

後継者を経営セミナーに参加させても、あなたが後継者を助手として使っていたのでは、後継者は後継者として成長することができません。「挑戦すること」と「失敗すること」が許されていなければ、後継者は、後継者として仕事をすることができないからです。

人は失敗することによって育つ

ドラッカーは、自分の知人の中で、もっとも人を育てることがうまい人に、「あなたはどうやって人を育てているのですか」と尋ねました。すると、「4種類の教える人を用意してあげている」という答えが返ってきました。その4種類とは次のとおりです。

第一に、導いてやる相談相手である。第二に、スキルを伸ばしてやる指導者である。第三に進歩を評価してやる評価者である。第四に励ましてやる激励者である。（『非営利組織の経営』）

人を育てるのに、相談相手、指導者、評価者、激励者、といった異なる役割が必要なのですね。たしかに、相談に乗る人、スキルを伸ばしてあげる人、進歩を評価してあげる人、励ます人、どれも大事ですね。あなたはこの4種類のうちのどのタイプでしょうか？

そして、人を育てることがうまい、その彼はこう言いました。

「**一番大事なのは激励者だ。この役はトップにしかできない。失敗を経験させることが必要なだけにこの役がいちばん大事だ。人は失敗することによって育っていく。したがって倒れたとき助け起こしてやる者が要る。**」

激励とは「その人を奮い立たせること」です。「その人に、よし、頑張ろう！」と思ってもらうことです。

あらためてトップの役割の重たさを考えさせられますね。

第1章で、ドラッカーのこんな言葉を紹介させていただきました。

間違いや失敗をしたことのない者だけは信用してはならない。そのような者は、無難なこと、安全なこと、つまらないことしか手をつけない。人は優れているほど多くの間違いをおかす。優れているほど新しいことを行うからである。（『マネジメント』）

優れた後継者が必ず育ちますように。

そんな気持ちを込めてお伝えします。後継者に、間違いや失敗という余地を与え、新しいことに挑戦させてあげてください。

POINT

- **会長と社長の間で起こる認識の違いによって、組織に混乱が起こる。**
- **自分の考えで仕事をすることを許さなければ、後継者は育たない。**
- **後継者の育成のために、細かいことに手出しし過ぎない方がいい。**

08 重要な責任を与えない

責任を持たせるということ

「人生の目的は、役に立つこと、責任を持つこと、思いやりを持つこと、値打ちのある人間、意味のある人間になること、自分が生きたことで、なんらかの違いを作り出すことだ。」

こう言ったのは、アメリカの政治学者、レオ・ロステンです。人を成長させるものは仕事であり、責任です。後継者の育成ともなれば、何らかの責任を持たせてあげることは必須です。

ある会社で中国市場の拡大を命じられているマーケティングを担当する役員がいまし

た。その方は、役員でありながら価格に関する権限を何も与えられていませんでした。そのため、社長に顧客の状況を説明し、何をするにしても、逐一、社長の了解を得なければなりませんでした。役員であるのに、です。その彼は、仕事をするうえで必要な権限が与えられていませんでした。責任を与えられていなかったのです。役員であるご本人も、「社長は私に任せたと言っていますが、私は何も任されておりません。」と言っておりました。彼は、顧客の拡大が実らない原因は、「自分の仕事のやり方にある」のではなく、「社長が市場を充分に把握できていないからだ」と考え、仕事のやり方を改善しなければならないという考えは起こりませんでした。

以上が、**「後継者の育成がうまくいかない9つの原因」**の1つです。

後継者が多くの知識を身に付けたとしても、「何の責任も与えられていなければ、後継者は後継者として成長できません。そうならないために、どうすればいいでしょうか。

ドラッカーはこう言っています。

成功の鍵は責任である。自らに責任をもたせることである。あらゆることがそこから始まる。大事なものは、地位ではなく責任である。責任ある存在になるということは、真剣に仕事に取り組むということであり、仕事にふさわしく成長する必要を認識するということである。（『マネジメント』）

仕事で成果をあげてもらうための鍵は責任を持たせることだ、ということですね。すべてのことが、責任をもたせるということから始まります。重要なことは、役職ではなく責任です。大きな責任をもたせてあれば、その仕事にふさわしく成長してくれます。ぜひ、具体的な責任を持たせてあげてください。

責任と権限を少しずつ大きくしていく

「後継者の育成とは自分のコピーをつくること」ではありません。自分のコピーをつくろうとしてはいけませんし、もとより、**自分のコピーなどつくることはできません。後継者の育成とは、「トップの責任と権限を移行すること」です。**

ある日突然、責任と権限を移行することは、自転車に乗ったことのない子どもに練習もさせずに自転車に乗らせるのと同じです。突然、自転車に乗りなさいと言われても転んでしまいます。はじめは補助輪をつけて背中を押してあげたりして子供が自転車の乗り方を覚えるまで見守ってあげなければなりません。後継者の育成も同じです。権限を持って責任を果たすに至るには練習が必要です。大惨事には至らない程度の責任と権限を与え、その責任と権限を少しずつ大きくしていけばいいのです。

後継者の育成に成功するために、責任を与えてあげてください。部下は信じれば応えてくれます。

POINT

- **後継者に、この仕事の最終責任者が自分だと思って仕事をしてもらう。**
- **大事なものは、立場ではなく、役職ではなく、責任である。**
- **成功の鍵は責任、本人に責任をもたせることから始まる。**

09 トップ自身が準備できていない

「任せた」「任せられた」

「やってみせ、言って聞かせて、させてみせ、ほめてやらねば、人は動かじ。」

この言葉はあなたもご存じですよね。あの、山本五十六の言葉です。その続きは次のとおりです。「話し合い、耳を傾け、承認し、任せてやらねば、人は育たず。」さらに続きがあります。「やっている、姿を感謝で見守って、信頼せねば、人は実らず。」

「今日から君が社長だ、今日から僕は会長になるから。」

ある日突然そのように、社長を交代するわけにはいきません。世代交代とは「引退すること」ではなく「自分の役割を高めること」です。**後継者の育成とは、「社長を引き継ぐこ**

助走が必要です。

と」ではなく「トップの責任を担える人を育てること」です。それには、準備が必要であり、

社長は世代交代の準備をスタートしようと、将来を任せられる人間を数名選んで経営チームを編成します。そして、経営チームのメンバーに、

「今日からに任せた」

と言います。それを受けて、経営チームは、

「社長からすべて任せられました!」

と言います。社長に「経営チームに何を任せたのですか」と尋ねても、歯切れの悪い答えしか返ってきません。同じように、経営チームに、「社長から何を任せられたのですか」と尋ねても、具体的な答えは何も返ってきません。

「任せた」「任せられた」という言葉があるだけで、現実は、社長は経営チームに何も任せていませんし、経営チームも社長から何も任せられていません。これでは、後継者の育成は何も前進しません。

「任せてやらねば、人は育たず。」「信頼せねば、人は実らず。」、です。

部下に重要な仕事を任せられない

「うちの会社はいい人材に恵まれている。優秀な部下も育っている。しかしまだ重要な仕事を任すことはできない。谷口君は自分で成果をあげることはできるが、部下の面倒見がよくない。今井君は、自分の管轄ばかりに意識がとらわれて、会社全体を見ていない。」

これは、ある企業の社長から聞いた言葉です。

このように、部下に重要な仕事を任せるべき時期が来ると、部下に大きな仕事を与えたり、重要な分野を任せたりすることのできない理由を見つけ出すものではないでしょうか。しかしこれは、会長や社長自身が「部下に重要な仕事を任せる準備ができていないのかもしれません。

ドラッカーはこう言っています。

急成長を遂げてきた小企業や中小企業のトップは、部下を自慢しているものである。それでいながら、どの部下も準備ができていないと感じるようになる。これこそまさに変化の必要を示す兆候である。変化すべき時が来ると、部下に大きな責任を与えたり、重要な分野を任せたりすることのできない理由を見つけ出す。「最高だが準備ができていない」という。だがこれは、まさにトップ自身に準備ができていない証拠である。（『マネジメント』）

後継者の育成を進めているある会長は、「まだ彼らに任せられない」と言い、後継チームの構築に取り組んでいる社長は「彼らに任せるのは重要でないものだけだ」と言います。

これが、ドラッカーの言う、「まさにトップ自身に準備ができていない証拠」のことなのだろうか、と思うことがしばしばあります。「任せなければならない」ということは頭でわかっていても、心理的に「任せることができない」という症状です。誰にでもありますし、あって当然です。

以上が、**「後継者の育成がうまくいかない9つの原因」**、の1つです。

最後は、トップの心の問題です。頭では「後継者を育成しよう」と思っていても、心に「後継者を育成してもなぁ…」と心理的なストップがかかっていては、後継者の育成は進みません。後継者に、どんなに必要な知識を学ばせても、また、どんなにスキルを養ってもらっても、その前に、トップ自身が心の準備を整えなければなりません。

トップとして、会社の成長、事業の成長、組織の成長を望むのであれば、どうすればいいのでしょうか。

ドラッカーはこう言っています。

トップたる者は、成長を望むのであれば、自らの役割、行動、他の者との関係を見直さなければならない。（『マネジメント』）

トップ自ら自分を駆り立て、トップが先に変わらなければなりません。後継者は、トップより先に勝手に変わることはできないからです。今あなたが、何かにリスクを感じているのは、その何かに挑戦しようとしている、何よりの証拠です。リスクを避けるよりも、リスクを受け入れた方が道は拓かれます。

「そうは言っても、言うのは簡単だけど、突然身の振る舞いを変えようと言われても困るなぁ。」今あなたは、そう思われたかもしれません。

ドラッカーはさらにこう言っています。

突如としてこのような変身を行うことは、改宗の奇跡に等しい。しかも考えてみるならば、改宗にさえ長い準備の日時がある。トップたる者、成長を願うならば、成長後の自らの役割をそれが必要となるはるか前に引き受けなければならない。（『マネジメント』）

ドラッカーは、その時が来る前に、自分の役割を変えていかなければならない、と言っていますね。会社のさらなる成長のために、変化すべき時が来たことを受け入れ、自分の役割を見直していきましょう。後継者が、知識とスキルを生かし、成功と失敗を繰り返しながら成長できる環境をつくってください。

これまで、**「後継者の育成がうまくいかない9つの原因」**をお伝えしてきました。「うまくいかない原因」を排除すれば、うまくいく確率は飛躍的に高まります。しかし、この章でお伝えしてきたことは、「後継者育成の妨げとなるもの」を明らかにしただけであって、「後継者育成のためには何をすればいいか」はまだお伝えしていません。後継者を育成するために、具体的に何をすればいいのでしょうか。また、経営の継承は何からスタートすればいいのでしょうか。

それは、次の章でお話します。

POINT

- **変化すべき時がくるとトップは部下の至らない点を探してしまう。**
- **後継者を育成するためにトップは自分の役割や行動、他の者との関係を見直す。**
- **自分の役割が変わることをトップは受け入れなければならない。**

Action Point

●経営チームのメンバーに具体的な責任と権限を与える。
●週に1回、経営チームで意思決定の場をもつ。
●取締役兼〇〇部長の〇〇部長を解く。
●自分が最終責任者だと思って仕事にあたれる状態をつくる。
●トップは経営チームに「何を期待しているか」明確に伝える。
●不正を容認せず、泣いて馬謖を斬らなければならない。
●トップは経営チームに「どんな成果をあげてほしいか」を明確に伝える。
●トップと後継者で期待と成果の内容について申し合わせする。
●勇気をもって重要な仕事でも経営チームに任せる。

CHAPTER 4

第4章

経営の承継 7つの要諦

未来において何かを起こす責任を受け入れなければならない。
進んでこの責任を引き受けなければならない。
進んでこの責任を引き受けることが、
単に優れた企業から偉大な企業を区別し、
サラリーマンから事業家を峻別する。

ピーター・ドラッカー『創造する経営者』

01 経営の承継は経営チームからスタートする

変わるのはまず自分から

「経営チームは、絶え間なく変化する課題に対応できるメンバー構成であることが望ましい。トップが後顧の憂いなく手腕を発揮できるようなチームであること、トップの価値観や行動規範がチームに反映され、チームを介して会社に浸透することも必須条件である。」

こう言ったのは、米国の財務会計ソフトを手がけるインテュイット社の社長兼ＣＥＯ、スティーブ・ベネットです。

後継者を育成し、経営を承継するにあたって何からはじめればいいか。断言します。それはまず経営チームをつくることです。これは誰がなんと言おうと絶対です。

ドラッカーはこう言っています。

トップマネジメントの仕事は一個人の能力を超える。経営書や組織論が何といおうとも、優れた経営を行っている企業にワンマンはいない。（『現代の経営』）

一人の後継者の経営を承継すれば、事業に発展はあませんん。よくて現状維持です。その人は、明日のための事業に費やせる労力はなく、昨日の問題解決に追われるだけの日々を過ごすことになります。経営の仕事は一人ではできないからです。

社長は、事業にとって重要なことについて、自分で考え、自分で決めてきたと思います。それは当然です。しかし、**経営チームをつくるということは、今までのやり方を変えるということです。**具体的に何からはじめればいいのでしょうか。

ドラッカーはこう言っています。

創業者自身が、事業にとってとくに重要な活動について主な関係者と相談しなければならない。（『イノベーションと企業家精神』）

社長は今まで、自分で決めたことを部下に伝えていたやり方を、敢えて部下と話し合って決めるやり方に変えよう、といっていますね。まずは社長がそのように仕向けていかなければ、部下は変わってくれません。

では早速、後継の経営チームをつくるために必要なことをお伝え致します。

1. 自分が考えることを後任に考えさせる

会社の存続と成功を左右する重要な活動は何か——。

先ほどお伝えしたように、事業にとって重要なことを、自分で考え、自分で決めてしまうのではなく、主要なメンバーの意見を聞きましょう。言い方を変えると、トップが考えることを考えさせる、ということです。それを何年か繰り返すことによって、後継者の経営視点が養われていきます。会社の存続と成功を左右する重要な活動の内容については、会社によって様々です。ある会社は、「生産性を上げること」かもしれませんし、ある会社は、「サービスを絞り込むこと」かもしれません。あるいは、「採用のやり方を変えること」かもしれませんし、「幹部を育成すること」かもしれません。トップであるあなたが自分の考えで決めてしまう前に、敢えて主要なメンバーと相談して決めてください。

Action

あなたがこれまで考えてきたことで、経営チームのメンバーに考えさせるべきことは何でしょうか。それを経営チームのメンバーに考えてもらってください。

2. 得意な仕事を明らかにする

社長を含め、主要なメンバー一人ひとりの得意とする仕事は、お互いに理解し合っていると思います。営業に精通している人は誰か。技術面について一番強い人は誰か。財務に最も優れているのは誰か。業務を管理する仕事に長けているのは誰か。話し合ってみて、仮にお互いの考えに違いがある場合は、じっくり話し合って、お互いの理解を深めてください。

Action

経営チームで話し合って、社長を含めて経営チーム一人ひとりの得意な仕事を明らかにしてください。

3. それぞれが得意な仕事を担当する

社長を含め、一人ひとりの得意なことに応じて、誰が何を担当するかを決めましょう。営業に精通している人は営業の責任者を担当し、技術について強い人は技術の責任者を担当し、財務のスペシャリストであれば財務の責任者を担当し、業務管理が得意であれば業務管理の責任者を担当するのが理想です。社長であっても、人事が得意でなければ人事に口を挟まないようにし、人事は人に任せなければなりません。得意な仕事でなければ成果は生まれないからです。CEOが何を担当すべきかについての決まりはありませんが、最高経営責任者として責任を果たすために、必要な情報は必ず入るようにしておかなければなりません。こうして、将来を託すことのできる経営チームの初期段階が構築されます。

Action

経営チームで話し合って、誰が何を担当するかを決めてください。

4. 経営チームのメンバー一人ひとり目標を決めさせる

会社の将来を担う経営チームは、「不動の地位を得た権力者の集まり」ではありません「会社の成長を担う責任者の集まり」です。経営チームのメンバーは全員、自分の責任を果たすために、自分が担当する分野における目標を定めてもらいましょう。

Action

経営チームで話し合って、組織全体の目標を決め、自分の担当する分野で、何をいつまで達成するか、具体的な目標を決めてください。

経営チームで立てる経営目標については、次のところでもう少し深堀してお伝えします。

POINT

- 一人の力に頼る経営から集団で自走する経営へ移行する。
- カリスマに依存しない集団で経営する仕組みをつくる。
- 世代交代は、「後継者の育成」よりも「経営チームの構築」が先行する。

02

経営チームに経営目標を立てさせる

実際に、経営チームに経営計画をつくってもらう

「夢なき者に理想なし。理想なき者に計画なし。理想なき者に実行なし。実行なき者に成功なし。故に、夢なき者に成功はなし。」

これは、時代を動かした多くの若者を育てた吉田《よしだ》松陰《しょういん》の言葉です。

経営は、理想をありありと描いて計画を立て、それを実行してはじめて成功に至ります。

後継者がどんなに賢くても、自分の意思で理想を描き、計画を立てることができなければ、それは後継者にはなれません。したがって、後継者にまず取り組んでもらうことは、

経営チームで経営計画を立ててもらうことです。

計画を立てるということは、目標を立てるということです。目標を立てるということは、事業に生命を吹き込むということです。

目標の内容についてお話しします。私は日々、いろいろな企業に訪問し、目標を立てるお手伝いをしています。その際に、経営チームに必ず次のことをお話しします。

「経営チームが追究していくものは『業務目標』ではありません。目標を決めるときに大事なことは、『夢』が描かれているかどうかです。『われわれの事業を通じて社会をどう変えたいのか』『わが社で働くことが誇りに思ってもらえるような会社にしたい』『われわれの従業員がこんな環境で働ける会社にしたい』といったものです。」

多くの人はあまりにも問題解決思考に慣れきってしまっていて、未来を描く思考に慣れていません。体に例えて言うなら、未来を描くという仕事は使っていない筋肉をつかう運動なので、相当、骨の折れる仕事です。

目標の大きさについてお話します。目標は現実的でなければなりません。しかし、かなり頑張らないと達成できないくらいの大きさにしましょう。「目標は達成すること」より「達成に向けて成長すること」の方が重要だからです。

私が経営チームのリーダー役をやっていた頃、目標を立てることは大仕事でした。それは、経営チームのメンバー全員と考えを戦わせることだからです。中には、反対のための反対をする人や、枝葉末節にこだわる人もいました。ビジネス書に書かれているように、簡単にはいきません。大事なことは、建設的に話しを進めることです。

わが社の夢を明らかにし、かなり頑張らないと達成できないくらいの目標を立ててくださいね。

経営チームに経営計画をつくってもらい、社長に経営チームで作成した経営計画のプレゼンを行ってもらいます。すると、「この会社を経営するつもりがあるのか！」といった叱責や「そんなことを教えた憶えはない」というダメ出しが入ります。「もっとこうしなければならない」という、要望が入ること数回。

経営チームはつくった経営計画を何度も何度も修正し、修正を重ねては手直しした経営計画のプレゼンを繰り返します。もちろん、「ただ言われるがままに」、というわけではありません。ようやく社長から、

「よし、それでいけ！」

と言われてはじめて経営チームは、「任せられた」と言えるのです。

後継者の育成には、これが不可欠です。

会長の会社に対する想いの熱量を超えてこそ経営チーム

「後継者には、私がつくった古い殻の一部を破って新しいことを始めてもらいたい。新しいアイデアを持ち込むとはそういうことだ。」

こう言ったのは、米国大手電気メーカー、ゼネラル・エレクトリックの元CEOジャック・ウェルチです。名経営者と言われたジャック・ウェルチも、後継者に新しいことを奨励し、「自分がやってきたことをそのまま続けなさい」とは言わなかったのですね。

多くのトップが後継者にこう言います。「私が言った通りにやっていれば大丈夫だ、余計はことは考えなくていい。」

先代が築いた路線の範囲内しか歩まない人――。それは、後継者ではなく後続者です。過去を引き継いだうえで新しい未来を目指すこと、それが後継者です。それが真の〝経営承継〟です。

一連のやり取りが済んだあと、会長に、「経営チームに何を任せたのですか?」と聞くと明確な答えが返ってきます。そして経営チームに「会長から具体的に何を任せられたのですか?」と聞くと同じ答えが返ってきます。お互いの認識が合致しているからです。

その計画の内容は、会長の考えがしっかり組み込まれ、経営チームの考えも反映されています。計画の内容について、何度も何度も話し合っていますから、充分な意思の疎通が図られています。また、議論に議論を重ねた経緯から、会長も、計画の内容に対する理解も深く、相当な安心感を得ています。

会長に「会社に対する想いの熱量はもはや私より経営チームの方が上だな」と思ってもらえるところまでいくのが、経営チームの役目です。

こういった骨の折れる一連のやり取りを横着して、「上の言う通りにやろう」という安易な姿勢は、後継者の姿ではありません。

後継者とは、開拓者であり、挑戦者なのです。

自分たちの頭で考える

↓

自分たちで決める

↓

会長からダメ出しを受ける

↓

手直しを行う

↓

会長からＯＫをもらう

この一連の苦闘を踏破してはじめて、後継者の育成はスタート地点に立つことができます。後任は、目標を立てることで会長に安心してもらうことができ、目標を達成する仕事ぶりを通じて会長の信頼を得ていきます。チームは小さな成功を収め始めると、一人ひとりが自信をつけていきます。他者の成功を喜ぶことで、チームは成功体験を共有します。それは、チームの自信となります。正しい道を進んでいるという自信、やればできるという自信、その自信は、チームをよりいっそう強くし、未来へ向けた歩みを確実にします。

後任が力を付ける一番の近道

「私の言った通り、経営チームがしっかりやっているかどうか、きちんと見ていこう。」

後継者を育成し、世代交代しようと思うとき、ついそのように考えてしまいます。いちいち指示され、注意されて行動を改善するやり方を強いるような進め方をしてしまえば、後継者の成長は、そこで止まってしまいます。では、どうすればいいのでしょうか。

ドラッカーはこう言っています。

知識労働者にとって必要なものは管理ではなく自立性である。知的な能力をもって貢献しようとする者には、大幅な裁量権を与えなければならない。（『経営者の条件』）

知識労働者とは、「知識や情報を使って成果をあげる人」のことです。あなたが、逐一、指示し、注意をして行動を改善するようなやり方では、彼らは、「知識や情報を使って成果をあげる人」ではなく、「知識や情報を使わずに、あなたの言うことを聞く人」になってしまいます。大幅な裁量権を与えなければならない、のです。具体的にいえば、「彼らの仕事をコントロールすること」ではなく、「彼らが自分たちの仕事をコントロールできるようにしてあげること」です。成功と失敗を繰り返し、検証と改善を繰り返す中で、後継者として力を付けていきます。

あなたも経営者になる前から経営者に必要な能力を持っていたわけではないはずです。経営者に必要な力は、経営者になってから身に付けていかれたと思います。あなたの後任も同じです。これは第1章でお伝えしましたね。

自分たち自ら、自分たちの問題に気づくようにさせてあげるために必要なものは、情報です。その情報とは、「どんな成果があったか」「何が問題か」「やり方をどう変えるべきか」ということを、判断できる情報です。また、その情報が本人に届く仕組みを作らなければなりません。

Action

あなたの後継者に、必要な情報が自分に届く仕組みはどのようなものか、その考えを書いてもらってください。

後継者の仕事は、新しい路線を創り出すこと

「社長が築いてきた路線を、社長の言うとおりに、進んでいけば間違いない。自分たちは、しっかりその路線を過たず進むことだ―。」

あなたが世代交代にしっかり取り組むあまり、あなたの後任である経営チームは、つ

い、そのような考えを抱いてしまうかもしれません。後継者は、既定路線を破壊し、新しい扉を開いていくべきです。後継者の仕事は、新しい路線を創り出すことだからです。

経営チームがつくる経営計画は、今日とは違う明日を生み出す第1歩なのです。「経営計画をつくる」ということは、「経営目標を立てる」ということです。経営目標は、「わが社のあるべき姿を明確にすること」からスタートします。わが社のあるべき姿を明確にするために、具体的に何をすればいいのでしょうか。

Action

あなたの後継者に、わが社のあるべき姿を明確にするために何をすればいいか、その考えを書いてもらってください。詳しくは次の「わが社のあるべき姿を明らかにする」でお伝えします。

強靭な良心に根ざされた決断であるかどうか

紀元前440年頃の話です。

ギリシャのある彫刻家は、首都アテネの建物から彫刻の依頼を受けました。彫刻家は仕事を終え、その建物の財務責任者に請求書を渡しました。財務責任者は、彫刻家から受け取った請求書を見て、眉を細めながら、その彫刻家にこう言いました。

「きみねー、人の見えない所まで勝手に彫っておいて、その分まで請求するのはおかしいだろー、誰も見えないところまで彫った分は払えませんよ。」

それを聞いた彫刻家は、その財務責任者にこう言いました。

「そんなことはありません。神々が見ていますから。」

それは、反論ではなく、仕事に対するその彫刻家の倫理観でした。「人の見えない所はどうでもいい」「なるべく安くするためにごまかせ」という方がおかしいですよね。

ドラッカーは「人は誇れる仕事を成し遂げて、はじめて誇りある存在になることができる」と言いました。後継者にも「いつも神々が見ている」と思って仕事をしてほしいですよね。

あなたの決断は、すべて全社員に行き渡ります。あなたの決断は、形あるものではないために誰も見ることができません。しかし、あなたの決断の内側にあるものは神々が見ています。もちろん神の話をしているのではありません。心の持ち方についての話です。私は、何者にも恥じない決断をするあなたであることを信じています。また、そんな私の心を、「神々が見ている。」と思うからです。

あなたは誰かに認めてもらうために決断する必要はありません。しかし、自分自信に誇れる決断をしなければなりません。

あなたがくだしたその決断は、誇れるものでしょうか?

経営チームの工程表をつくる

仮にいま、「自分たちの事業がどのような状況に置かれているか」について、経営チームで共有し、共通の見解を持つに至るまで進めることができたとします。現状が見える状態になれば、課題が明らかになり、やるべきことが浮かび上がります。

経営計画とは、最大の成果をあげるために、多岐にわたる仕事を一つに統合したものです。経営計画の最終アウトプットは行動計画です。行動計画とは、「何を」、「いつ」、「誰が」、「どのように」、「いつまでに」、「達成するか」を目に見える状態にしたものです。そのために、具体的に何をすればいいのでしょうか。

ドラッカーはこう言っています。

誰が何に責任を持つか、目的と目標は何か、期限はいつかを詳細に決めたトップマネジメント用の工程表を作成する必要がある。（『マネジメント』）

経営チームは、どの部署の仕事にも分類されない仕事をします。だからこそ、その仕事が何なのか、その仕事は経営チームの誰が担当する仕事なのか、はっきりさせなければなりません。誰がどの目標に責任を持っているのかそれはいつまでに達成するのか、それらのことをまとめた一覧表をつくる必要があるのです。

Action

「誰が何に責任を持つか」「目的と目標は何か」「締め切りはいつか」を明らかにしてください。

POINT

- 現在の事業が永遠に今の姿で生き続けることはない。
- 最低でも1年に1回はわが社のあるべき姿を問いただす。
- 目標、期限、責任者が書かれた経営チーム用の工程表を作成する。

03

トップマネジメントミーティングを行う

経営チームで議論する

「マネジメントの本には、積極的に外に出て顧客の声に耳を傾け、工場に行って従業員と握手せよ、などと書かれている。だが、私がCEOに就任して最初の3ヵ月のほとんどを経営チームと議論することに使った。」

こう言ったのは、スリーエムの元CEO（最高経営責任者）ジェームス・マックナーニです。

自分には一人沈黙して素晴らしい構想を作り上げる力はない。そう考えていた彼は、経営チームのメンバーと徹底的に話し合い、あらゆる考えを引き出すことに力を入れました。経営チームのメンバーと共に話し合い、共に考えることで、会社は成長していきました。事業を推し進めていくなかで、彼はあることに気付き、こう言いました。

「前任の社長のプランは素晴らしいものだった。しかし、そのプランが作られたときから世界はすっかり変わってしまった。だから、軌道修正しなければならない。前任の社長に応えるためにも、前任の社長がつくったプランをより今の現実に合うようにする必要がある。」

前任者が引いてくれた道を大きく変更できるのはＣＥＯだけであり、経営チームだけです。また、それが経営チームの役目です。彼はトップマネジメントミーティングでこう言いました。

「ただ話すことではなく、必要なことは、具体案を作り上げることだ。」

ジェームスは自分の真剣さと情熱を伝えることが何よりも大事だと自覚していました。彼はメンバーの意見にケチをつけるようなことは一切しませんでした。彼は、

「みんなから改善案を出してほしい。私の案はこうだが、みんな一人ずつ自分の考えを言ってくれ。」

そう言って、一人ひとりからそれぞれの考えを引き出していきました。こうして、建設

的な意見交換が行われました。お互いの考えが一致している点、お互いの考えの違いについても理解し合えることができました。そして、意見交換だけに終わらず、あらゆる角度から検証された決定を生み出していくことができました。経営チームの中に、誰一人として、評論家になる人間はいませんでした。**経営チームの話し合いで、絶対にやってはいけないことは、過去の評論をすることです。絶対に必要なことは力を合わせることです。誰かの意見を評価したり、**前進することです。この経営チームに、これまでのやり方を批判する人はいませんでした。全員が「これからはこうしよう！」と具体的な改善案を出し、次から次へといろいろなことが決定していきました。

これが、トップマネジメントミーティングです。

意思の疎通を行い、重要なことを決定する場をもつ

「意見を交換し合うくらいでは、どんな優秀な人でも、遠く離れたら考え方がチグハグになってしまうんですね。企業の創成期には、心の通じ合いが大事です。」

これは、ホンダの名参謀と言われた藤沢武夫さんの言葉です。

どんな組織も形式的な会議が多いものです。会議は継続していくと、なぜか形骸化していきますよね。形骸化とは、「それを始めた時は意味があり効果もあったのに、本来の目的が失われて形だけになって意味がなくなること」です。御社もそのような会議が一つくらいあるのではないでしょうか（笑）。もっとお客様に喜んで頂くために、さらに会社を良くするために、今より事業を成長させるために、「どうしたいのか」「どうしてほしいのか」ということについて、ひと言ふた言、意見を言い合うだけでなく、徹底的に話し合わなければならない、そして、その話し合いを継続していかければならない、ということですね。藤沢武夫さんが言うように、心の通じ合いが大事です。

トップマネジメントミーティングとは、経営チームが集うだけでなく、会長と経営チームが集い、意思の疎通を行い、重要なことを決定する場でもあります。

第3章でも触れましたが、「こんな忙しい人たちが、一度に集まるのは非効率だ」と思われたかもしれません。組織は、「社長が決めたことに対して、会長はなんでそんな決定をしたんだ。おかしいじゃないか！」といったことや、「それは勘違いだ。私はそんな指示をしていない。」といったことがよく起こります。また、一つの確認を行うのに、「課長から部長へ、部長から本部長へ、本部長から副社長へ、副社長から社長へ、社長から会長」へという流れで連絡を行っても、どこかで文字化けして情報は正しく行き来しません。そのようにして起こる混乱に奪われるエネルギーを考えれば、一度に集まった方が、よっぽど効果的です。

まずは、トップマネジメントミーティングに必要なことを、順を追って、お話ししていきます。

〝それを考えるのが君の仕事だ〟

多くの会社が週に1回のペースで、経営会議を行っていると思います。大事なことは「決める」、ということです。事務的な連絡ばかりでは、経営会議はやがて形骸化していきます。

たとえば、取締役という重責を担う人の発言が現状説明だけに終始し、判断を社長に丸投げする。自分で考えずに、

「社長、これはどうすればいいですか？」

と質問をする。トップがそんな仕事のやり方を許してしまえば、経営チームの力は発揮されません。会社の命運を担う一人である取締役が、逐一、社長に考えてもらい、逐一社長から答えをもらい、逐一社長の指示を受けることに慣れてしまえば、自分の頭で考える取締役がいなくなってしまいます。

上に指示を仰ぎ、言われた通りに実行する実務者は部課長クラスまでです。取締役ともなればそうはいきません。取締役は「誰かに指示を仰いで指示をもらう人」ではなく「自分で考えて自分の考えを提示する人」です。

取締役の仕事は、正解がないものに対して、「わが社にとっての適正解を自らつくり出すこと」であり、「私はこう考えます。理由はこうです。承認してください。」という仕事のやり方が、標準と言っていいでしょう。

ドラッカーはこう言っています。

トップであろうと、新人であろうと、エグゼクティブであるかぎり、成果を上げなければならない。（『経営者の条件』）

取締役にもなれば、自分はどんな成果をあげるべきか、自分の仕事に責任を持つのは当然ですよね。取締役から「暗に答えを引き出そうとする現状説明」や「自分の仕事を社長に決めてもらうような質問」があった際、トップは、その種のものに引きずり込まれずに、

「それを考えるのが君の仕事だ。まずは、君の考えを出しなさい。次回の経営会議で君の考えを出しなさい」

と言い、暖かく笑顔で突き放してください。トップマネジメントミーティングは、そんな活力の満ちた場にしていってください。

トップマネジメントミーティング5つの鉄則

御社の経営会議は、十分に機能していると言えるでしょうか?

ひと言に、経営会議といっても、内容ややり方については会社によって様々です。誰が出席するかについては、ある会社は役員だけが出席し、ある会社は部長クラスまで出席する、といったように会社によっていろいろです。また、経営会議で何を行うかについて

も、ある会社は各部署の状況報告をする、ある会社は売上額の確認をする、といったように、会社によって様々です。

トップマネジメントミーティングは、経営チームが出席し、次の5つのことを守って運営してください。〝言うは易く行うは難し〟ですが、それを実行できれば、常により良い決定が生み出され、御社は今よりもさらに繁栄していきます。

1．事業について議論する

トップミーティングは、「事業について議論する場」です。業務会議でも営業会議でもありません。事業について議論されなければ、お客様を無視した営業強化だけに力が注がれるようになります。事業について議論することによって、新たな事業機会を生み出していくことができ、事業が成長する可能性を高めていくことができます。

2．主語をわれわれにする

トップミーティングは、「全体最適を生み出す場」です。「うちの部署は」「そちらの部署は」主語がこうなれば、部分最適が衝突する部門長会議になってしまいます。全体最適を失った組織は発展していくことができなくなります。主語を「われわれ」にして話をすることによって、組織全体に立った考えが生まれ、組織は繁栄の可能性を高めていくことができます。

3．人の考えを否定しない

トップミーティングは、「共通の考えをつくり出す場」です。人の意見を否定したり、批判したりすれば、誰も発言しなくなります。自分の考えを発言しにくい組織は発展しません。人の意見を尊重し、全員の考えをテーブルに上げ、チームとしての考えを高めていくことによって、組織は繁栄の可能性を高めていくことができます。

4．満場一致の場合は決定しない

トップミーティングは、「意思決定の理解を深める場」です。理解を深めるには多面的な認識が必要です。また、異なる考えの衝突がなければ、のちの惨事は予想されず、あとになって問題解決に追われることは必至です。異なる考えをぶつけ合うことによって、意思決定の理解が深まり、あらゆる角度から検証された決定を創り出すことができます。

5. 建設的な反対意見を話し合う

トップミーティングは、「意思決定の精度を高める場」です。反対意見がないということは、徹底的に考えられていないことと同じです。徹底的に考えられていない事業がうまくいくはずがありません。あーでもない、こーでもない、という反対意見の応酬によって、意思決定の精度が高められ、組織は繁栄の可能性を高めていくことができます。

POINT

- **経営者は事業の未来について思索する時間を割かなければならない。**
- **経営者の仕事は、意思決定で成果をあげること。**
- **事業は、経営チームが行うミーティングの質で決まる。**

04

取締役会、経営チーム、経営企画部で運営する

取締役会が果たすべき3つの役割

「10人には10人に合った組織運営があり、100人には100体制があり、1000人には1000をマネジメントできる組織作りが必要なのだ。柔軟な組織運営が、企業経営の活力を生み出すのではないだろうか。」

こういったのは、大手旅行代理店、株式会社エイチ・アイ・エスの創業者、澤田秀雄さんです。

組織運営とは、「一人ひとりの力を発揮させて成果があがるようにすること」です。組織に完全も、完璧も、完成もありません。澤田さんの言うとおり、組織は一つの形態や一

つの運営パターンに固定されるものではなく、規模の大きさに応じて、常に状況に応じて改善、改変、改革していかなければなりません。

経営チームは、経営に責任をもつ独立した集団でありながらも、「不動の地位を得た権力者の集まり」ではありません。社長から会長や副会長になった方をここでは経営チームの上位組織として、仮称で「取締役会」と称しています。経営チームの上位組織は、次の3つの機能が必要です。

1．客観的な視点でチェックする機能

会社は、重要なことを決めるとき、あるいは、重要なことを決めたあと、その決定内容を審議する機能が必要です。また、経営チームに「これはもっとこうした方がいいのではないか」といった助言をしたり「失敗は責めないが確認不足は怠惰である」と、時には厳しい忠告をしたり、経営チームの相談相手になる力をもつ人が必要です。また、経営チームが立てた目標と戦略を確認し、投資や予算について検討しなければなりません。

会長職になると同時に、現役から身を引く方がいます。その一方で、会長になっても、

社長時代と同じように、現役としてバリバリ動く人もいらっしゃいます。それは、「良し悪しで」はなく、「それぞれ」です。会長がいくら現役から身を引く場合があるとはいえ、会長になったその日から会社に来なくなるわけではありません。社長の上に、社長以上の役職をもつ人がいれば、また、経営チームの上に、経営チームの生みの親がいれば、経営チームの決定が、そのまま決定とならないことが出てきて当然です。社長以上の役職をもつ人、ここでは「取締役会」と呼んでいますが、経営チームの自分たちの決定に対して、「取締役会」から承認を得ることが必要になっています。

2. 経営チームを交替させる力

経営チームは成果をあげるために高い報酬が支払われています。さきほどお伝えしたように、経営チームは、「不動の地位を得た権力者の集まり」ではありません。将来を創るビジョンも描かず、新たな挑戦も行わず、ただ日々の仕事をこなすだけで成果もあげずに、高い報酬をもらい続けることができる状態を許してはいけません。当然といえば当然です。会社は、成果のあがらない経営チームを交替させる機能が必要です。経営チームの仕事を遂行できない人は代えなければなりません。何より重要なのが、次の経営チームのメンバーの育成です。

3．外部と良い関係をつくる機能

会社は、対外的に良い関係をつくる機能が必要です。会社は、様々な協力者がいて成り立っています。お客様や株主をはじめ、取引先、提携先、協力会社、銀行、地域など、様々な人にお世話になりながら事業を運営しています。会社の顔として、事業に影響を与える相手と良い関係をつくることによって、経営チームの助けとなる人が必要です。

経営企画部

ひと言に経営チームと言っても、規模によって、そのあり方は様々であることは、既にお伝えしてきたとおりです。会社組織を人間の体に置き換えて考えた場合、経営チームは脳にあたります。人間の脳は機能を果たすために酸素とエネルギーの供給が必要です。それと同じように、経営チームは機能を果たすために情報の供給が必要です。その役目を担うのが、経営企画部です。

ドラッカーはこう言っています。

その機能は、トップマネジメントに仕えることである。トップマネジメント・チームが必要とする情報を用意することにある。それは、今日行うべき意思決定に必要な情報と知識を提供することにある。（『マネジメント』）

経営チームには、意思決定に必要な情報を供給してくれる支えが必要なのです。経営企画部の仕事は、会社によって異なります。ここでは、標準的な例を紹介します。経営企画部には、大きく分けて3つの業務があります。

1．数字の管理

中期経営計画作成の支援や会社全体の業績や事業部門の予算の達成状況の報告を行います。会社全体及び事業部門の予算の達成状況の報告及び、支出や実績が未達成の場合には対策を立案し、経営チームに提案します。

2. トップマネジメントミーティングの運営

経営チームが意思決定を行うために必要な情報の供給やトップマネジメントミーティングの議案の取りまとめを行います。また、トップマネジメントミーティングに関して、議題の作成から進行、議事録を公式文書として作成し、管理をします。

3. IR・株式事務

上場企業の場合、株主への対応や株主総会を運営する役割を担います。決算や公式見解の取りまとめを行います。

POINT

- **取締役会と経営企画部をつくる。**
- **経営チームの上位組織は、3つの機能が必要。**
- **経営チームには、意思決定に必要な情報を供給してくれる支えが必要。**

組織の最高意思決定機関のイメージ図

取締役会

【構成員】山本会長、鈴木副会長

【任　務】最高意思決定機関として、主に人事と予算の決定権を持つ

【役　割】経営チームを見守り、指導し、経営チームの助けになること

経営チーム

【構成員】佐々木社長、山口専務、飯山常務、
大川取締役、三井執行役員

【任　務】経営執行機関として、業績向上、企業価値向上、
人材育成に責任を持つ

【役　割】わが社のあるべき姿を明らかにし、
会社を今より発展させること

経営企画

【構成員】副島部長、渡邊課長、秋谷係長

【任　務】経営チームのサポート

【役　割】経営チームの一切の事務的機能を担う

05 社長が後継者に教えておきたい5つの基本

突然、深刻な危機に陥る

「ぼくが尊敬して止まない人物が二人いる。一人は、主観的な目で独自の理論をつくり出し経営を実践されてきた松下幸之助さん、もう一人は客観的な目で企業や組織を見続け、そこから経営とは何かを発見したピーター・ドラッカーさんだ。お二人とも、経営に対する考え方はとても似ているように感じられる。」

こう言ったのは、株式会社ファーストリテイリングの代表取締役会長兼社長、柳井正さんです。

私も柳井さんのお考えに深く共感します。大義に尽くせばいいという精神論だけでなく、かといって、売上さえ上げればそれでいいというわけでもない。ピーター・ドラッカーと松下幸之助さんに共通していることは、現実的である点です。

後継者は、日々の現実の中で、具体的に何をしていけばいいのでしょうか。会社は、成長していくか、下降していくかのどちらかです。成長は有難いことですし、喜ばしいことです。しかし、突然コントロールできなくなり、深刻な危機に陥ることがあります。そのまま順調に成長していくかに思われた企業が、突然コントロール不能となり、深刻な経営危機に陥ることがあります。

ある企業でこんなことがありました。その概略をお伝えします。

ファストフードは、ハンバーガーやフライドチキンでなじみ深いですね。2011年に、ピサのファストフードを始めた会社がありました。90秒でピザを焼く調理システムを開発したその会社は急成長しました。500円で本格的なピザが食べられるお店として、テレビでも紹介され、特に、低カロリーピザは女性の人気を集めました。

吉祥寺に1号店をオープンし、その後、中目黒、恵比寿、渋谷と事業を拡大していきました。その後、スペイン料理、焼き肉、カレーへと、果敢に事業を多角的に拡張していきました。設立からわずか5年後には、74店舗になっていました。まさに、急成長です。

事業が急成長したその一方、その会社は2つの課題を抱えていました。1つは出店の速さに対して、資金が追いついていかなくなりました。成長する裏側では、店舗拡大によって新規出店の費用と、店舗の売上は計画を下回り、赤字店が続出していたからです。2つめは人材の不足です。規模の拡大を最優先に進めていたため、どうしても、人材の育成が後手に回ってしまっていたのです。その結果、接客の教育がおろそかになり、クレームが多発して客足は一機に悪くなりました。

2017年になると、資金繰りの悪化で食材の調達もままならなくなりました。さらに、従業員の給与を遅配するような事態になりました。遂に、正常な業務運営が困難となり、事業の継続を断念せざるを得ない結果となりました。当時の負債総額は12億7800万円です。設立からたった6年で破綻してしまいました。

設立からわずか5年で74店舗になったその会社は、その勢いにのって急成長を遂げていくかに思われました。ところが、突然コントロール不能となり、深刻な経営危機に陥りました。残念ながら、その企業はそこで挫折することとなりました。

多くの中小企業が、ここで挫折する

このように、コントロール不能とならずに、成長の危機に遭遇しないためにどうすればいいのでしょうか。

ドラッカーはこう言っています。

> 急成長を遂げていくかに思われたものが、突然コントロール不能となり、深刻な経営危機に陥る。多くの中小企業が、ここで挫折する。危機を乗り越えたとしても、当初の成長力を失い、芽をつまれたままとなる。運よく回復し成功への道を再び歩き始めたとしても、傷は深く永く残る。しかし、中小企業がコントロール不能とならずに、成長の危機による深刻な傷を負わないためには、五つの簡単な処方箋がある。（『実践する経営者』）

会社が小さくて、トップ一人で仕切れるうちは、トップが目を光らせて、どんどん先手を打っていれば何とかなるでしょう。しかし、事業はトップ一人で仕切れる限界を超えて成長していきます。事業が成長すれば、トップがどんなに目を光らせて、どんなに先手を打っても追い付かなくなります。

ドラッカーは、成長に伴う危機を回避する方法があると言っています。その5つを今からお伝えしていきます。

後継者が押さえておくべき経営5つの基本

1．キャッシュフローを見ていく

ファーストリテイリング社は、ユニクロの事業が今日の成功を築く過程で、こんな苦労をしたそうです。仮に、2年続けて10億円の利益が出たとします。法人税、事業税、その他の税金を含め約6億円を支払わなければなりません。さらに、予定納税といって、昨年の利益の3割を納付しなければなりません。利益の9割が税金に消えてしまうような気がしますよね。日本の税制は、企業が急成長することが考えられていないのです。

事業が成長することは、喜ばしいことです。しかし、皮肉なことに事業の成長が資金繰りを困難にしていきます。事業が成長すると、税金に限らず、今までなかった新しい課題がどんどん出てきます。成長に伴う危機を回避するために、常にキャッシュフローを見ていきましょう。

Action

あなたの後継者に、キャッシュフローをどのように見ていくか、まずは後継者の考えを確認してください。そして、あなたから、キャッシュフローをどのように見ていくか後継者に教えてあげてください。

2. 3年後に必要な資金を準備しておく

3年後に必要な資金の額を明らかにし、予め準備しておきましょう。外部の力を借りずに蓄えるという方法もありますが、必要な資金の額は、売上げの伸びに不釣合いなほど多くの資金が必要になるかもしれません。外部の力を借りることを想定しておくことをお勧めします。成長に伴う危機を回避するために、3年後に必要な資金を予め準備しておきましょう。

Action

あなたの後継者に、3年後に必要な資金はいくらか、その考えを書いてもらってください。また、あなたの考えを後継者に伝えてあげてください。そして、後継者と話し合って、3年後に必要な資金はいくらか決めてください。

3．将来重要となる情報をはっきりさせておく

日常生活で使用する生活用品を数多く提供し、急成長していた会社がありました。その会社はある年、スーパーをはじめとする量販店に対し、1年後に商品の値上げを行うと発表しました。その年の売上は、50パーセントも伸びました。それは、ほとんどのお取引先

が値上げする前に、商品を大量に買ってくれた結果でした。翌年、予定していた通り、値上げをしたとたん、量販店からの注文がなくなりました。量販店は在庫がなくなるまで発注しなかったのです。注文の数が、値上げ前の半分まで戻るのに半年もかかりました。事業は順調に成長していたにも関わらず、その会社は倒産してしまいました。その会社にとって重要な情報は、「量販店の動き」でした。それを理解していれば、とるべき対策は明らかになっていたはずでした。一見、事業は順調に伸びていましたが、「知るべき情報」に注意をはらっていなかったために招いてしまった結果でした。

Action

あなたの後継者に、将来重要となる情報は何か、それを書いてもらってください。また、あなたの考えを後継者に伝えてあげてください。そして、後継者と話し合って、将来重要となる情報は何か決めてください。

4．成果があがることにエネルギーを使う

ある企業のお話です。数年の間に、５倍の規模に成長しました。年商１００億円だった会社が５００億円になったわけです。この会社はヨーロッパに二つの工場と日本に合弁会社をもちました。その後さらに七年間で、海外の売上は伸びましたが赤字となりました。副社長も専務も、海外の仕事に時間の多くを奪われ、年中、ヨーロッパと日本を行き来していました。

このように、成長するということは、相当のエネルギーが取られます。しかも、経営陣のエネルギーが削り取られます。したがって、あちらもこちらも力を入れ、駆けずり回った割になんの成果も上がらない、という事態にならないために、エネルギーは成果のあがるところに集中させなければなりません。

どんなに将来性があるかに見えた案件であったとしても、時間ばかりとられ、エネルギーが削がれるだけのものかもしれません。成果があがることだけにエネルギーを使いましょう。成長に伴う危機を回避するために、何にエネルギーを使うべきかを決めましょう。

Action

あなたの後継者に、今後何にエネルギーを使うべきか、その考えを書いてもらってくださいまた、あなたの考えを後継者に伝えてあげてください。そして、後継者と話し合って、今後何にエネルギーを使うべきか決めてください。

5．経営はチームで行う

経営チームをつくること。これは本書で何度もお伝えしてきたことです。**経営をチームで行うことは、経営の基本中の基本**だからです。

どんなに優れた経営者も、得手不得手、向き不向きの仕事があります。事業をゼロから起ち上げた創業者は、マネジメントの仕事に強みを持ちませんし、安定した組織運営を得意とする人は、障害に直面すると萎縮します。次から次へとアイデアが浮かび、商品を考え出すことが得意な人は財務の分野には強くない傾向にあるようです。長期的な商品開発の運営に向いている人は、激しい変化に適応する仕事は不向きとされていますし、外部と良好な関係をつくることに強みをもつ人は、社内のマネジメントに強みを発揮しません。
何かが得意で何かが得意でない――。得意でないことで成果をあげることはできませんし、得意なことは成果をあげることができます。それが人間です。得意な仕事だけを行い、得意としない仕事は、それを得意とする人にやってもらう。それが経営チームです。

経営チームがあるかないか。それが、成長し続ける企業とそうでない企業の違いです。

社会は絶えず変化していきます。経営者の得手不得手に関わらず、事業の危機は必ずやってきます。成長に伴う危機を回避するために、まずは経営チームをつくりましょう。

Action

あなたの後継者に、経営チームのメンバーそれぞれ、誰が何に責任をもち、誰がどんな成果をあげようとしているか書いてもらってください。また、あなたの考えを後継者に伝えてあげてください。

POINT

- 成長に伴う危機は回避しなければならない。
- 必要な情報がなければ、必要な手立てを打つことができない。
- 成長に伴う危機を回避するために、早い段階から経営チームが必要。

06

ジョブズも「自分は何をやらないか」を決めていた

不得手なことに時間を使わない

「あなたの時間は限られている。だから、本意でない人生を生きて時間を無駄にしてはならない。ドグマにとらわれてはいけない。それは他人の考えに従って生きることと同じだ。他人の考えに溺れるあまり、あなたの内なる声がかき消されないように。そして何より大事なのは、自分の心と直感に従う勇気を持つことだ。あなたの心は、自分が本当は何をしたいのかもう知っている。ほかのことは二の次で構わないのだ。」

これは、あなたもご存じですよね。２００５年にアメリカのスタンフォード大学の卒業式で行われた、スティーブ・ジョブズが講演の中で言った言葉です。

ひと言で言えば、「時間を大切しよう」ということですね。自分のやるべきことをリストアップした経験は誰にでもあると思いますが、スティーブ・ジョブズが言ったことは、「自分がやらないことをリストアップしよう」、ということです。ドラッカーは次のとおり、「不得手なことはやめてしまおう」と言っています。

不得手なことの改善にあまり時間を使ってはならない。自らの強みに集中すべきである。
（『経営者の条件』）

どんなに高い能力を持っている人でも、あらゆる仕事ができるわけではありません。すべての人があることについて得意であり、あることについては不得手です。

トップの役割は事業の成長に伴って変わっていきます。経営チームをつくって後継者を育成し、世代交代に成功するために、自分は何をするのが最もよいかを見出すための3つの問いについてお伝えしていきます。

1. 最も貢献できる仕事

アメリカの企業で、輸出部長に昇進した若手がドラッカーに、「今、何をどう考えて仕事をすればいいか、よくわかりません。どうすればいいでしょうか?」と尋ねました。そう聞かれたドラッカーはこう答えました。「自分がどんな貢献をすることが会社にとって一番いいかを考えなさい。」現在、多くの経営者が、このドラッカーのアドバイスを自分に置き換えて考えています。

最も貢献できる仕事について考えた、ある企業の経営陣の事例を紹介します。

事業を起ち上げたばかりの三人の経営者は、事業を成功させるために重要な活動は何かということについて考えました。彼ら三人が話し合って見出した答えは、戦略立案、研究開発、人材育成の3つでした。お互いにそれぞれの強みを確認し合い、誰がどの仕事を担当するかを決めました。人事の仕事に向いている人が人材育成の仕事を担当することになりました。しかし、人材育成の仕事を担当することになった彼が、本当にやりたかった仕事は、人材育成ではなく研究開発でした。しかし、彼自身、「自分が事業に最も貢献できる仕事」が人材育成であると分かっていました。

自分が何に貢献できるかとの問いが、常に納得のいく答えをもたらすとは限らないということですね。この会社は半導体メーカーで、誰もが知る大きな企業となり、大きな成功を収めました。

Action

「あなたが事業に最も貢献できる仕事は何でしょうか。」その答えを見出してください。

2. ほかの誰よりも貢献できること

事業が成功し、商品やサービスが大きく変わり、必要な人材も大きく変わった節目が来た時、トップは自分の役割を変えなければなりません。事業の成長段階が変わればトップが担うべき役割が変わるからです。

前作『ドラッカーが教える最強の経営チームのつくり方』で紹介させて頂いたので、詳細は触れませんが、ポラロイドカメラを発明した科学者は、事業が成功すると、後継者を育てて経営チームを作り、マネジメントの仕事から手を引きました。彼は「客観的に見て、今後の事業に重要なことのうち、ほかの誰よりも自分が一番貢献できることは何か」という視点で、自分の役割を変えたのです。彼は、「自分はマネジメントの仕事は向かない。この会社にほかの誰よりも自分が一番貢献できることは研究だ。」と考え、彼は自分自身を社内で研究の相談役として位置づけ、事業に貢献していきました。

Action

「客観的に見て、今後の事業に重要なことのうち、ほかの誰よりもあなたが一番貢献できることは何でしょうか。」その答えを見出してください。

3. トップはやらないことを決める

やらない仕事を決めるということは、成功の秘訣です。ドラッカーはそれを実行した日本人の経営者を紹介しながら、「自分は何が得意で何が不得意かを明らかにし、得意なこと以外は何もやらない」ということの重要性を教えています。

ドラッカーはこう言っています。

> 本田宗一郎が本田技研工業というベンチャーを始めるにあたって行ったことだった。彼は、マネジメント、財務、マーケティング、販売、人事をパートナーとして引き受けてくれる者が現れるまで事業を本格化しなかった。彼自身はエンジニアリングと製造以外は何もやらないことにしていた。この決心がやがてホンダを成功に導いた。（『イノベーションと企業家精神』）

本田宗一郎は、組織運営の細かなこと、銀行の担当者と関わること、商品を売り込むこと、人事の仕事について、自分は得意ではないと考えていました。

それだけではなく、自分が得意としない仕事はやらないと固く決めていました。ゆえに、彼は得意としない、マネジメント、財務、マーケティング、販売、人事の仕事を担ってくれる人が現れるまで本腰を入れて事業を大きくしなかったのです。

Action

「あなたが不得意とすることで、やめた方がよい仕事は何でしょうか。」

その答えを見出してください。

POINT

- 会長、社長は、事業の成長段階に応じて、役割を変えていかなければならない。
- 自分が担うべき役割は、納得のいくものとは限らない。
- トップは自分がやらないことを決める。

07

後継者の全人格的な献身

後継者になくてはならないもの

「私は三つのことを守る。仕事に全力を尽くすこと。誠実であること。そして変化を恐れないこと。事業の成長は、チームワークと規律から生まれる。私はこの二つを実践する。社長は優秀なコミュニケーターでなければならない。わかりやすい言葉で、頻繁にコミュニケーションをとらなければならない。そして正直で率直でなければいけない。」

これは、米国大手電気メーカーゼネラル・エレクトリックのジェフリー・イメルトが、ジャック・ウェルチの後継者として、社長就任挨拶のときに言った言葉です。

あなたに一つ伺ってみたいと思います。後継者に必要とされるものを一つ挙げるとする

と、それは何でしょうか。あなたの頭の中に何が浮かんだでしょうか。

ドラッカーはこう言っています。

全人格的な献身が必要とされる。「そのビジョンを心から信じているか。本当に実現したいか」「本当にその仕事をしたいか。本当にその事業を経営したいか」である。（『創造する経営者』）

全人格的な献身という言葉が胸に迫りますね。能力の前に問われるのは、〝本当にその事業を経営したい意思があるかどうか〟です。「ただ、社長の椅子が手に入るから」という考えでは、何も務まりません。知識があって頭がいいからといって、社長の仕事ができるわけではありません。後継者には、計算なく体当たりしていくくらいの覚悟が求められます。

会社に身を捧げる覚悟

「次の株主総会で社長に就任する予定です。社長に就任したら、〝生涯年中無休〟です。

既に今も、寝ても起きても、お休みの日でも24時間365日、頭は仕事のことでフル回転しています。」

これは、次期社長の方に、社長になったら今と何が変わるかを尋ねた際に答えてくださったときの言葉です。その取材に応じてくださったのは、サマンサジャパン株式会社（山口県周南市）の代表専務取締役の小野晃さん（以下、小野専務）です。

私は小野専務のお話を聞いて頭が上りませんでした。

生涯年中無休。それはまさに、「全人格的な献身」です。自分の時間とは、自分の人生です。お客様のために、従業員のために、地域社会のため、会社のために、自分の時間を捧げる決意であり、自分をかえりみず会社に尽くす覚悟が込められています。

次期社長の小野専務にさらに伺いました。

「会長には相当鍛えられました。常に厳しくあたられた時期がありました。あるとき会長から「よく耐えたな」と言われました。その時、私を育成するために厳しくしてくださった会長の深い想いがわかりました。

今取り組んでいることは三つです。一つは、会長が学んできたことを学んでいます。二つ目は、私を含めて4人を経営チームとして話し合いをしています。三つ目は、明確な目標を立て、その目標を達成するために何をやるべきか、それを全従業員に提示するための準備をしています。そして、常に戒めていることは、私利私欲をもたないようにしています。トップが私利私欲に溺れるようなことがあってはいけませんから。」

後継者が引き受ける2つの責任

承継。

引き継ぐというと、簡単に聞こえてしまいますが、後継者には2つの責任があります。1つは「守り続ける責任」です。会社の根本的な考えは時代が変わっても変えることなく、受け継いでいかなければなりません。もう1つは「変え続ける責任」です。商品やサービスは、時代の変化に応じて変えていかなければなりません。引き継ぐとは、その2つの責任を受け入れるということにほかなりません。後継者に課せられた責任は、「今日とは違う未来を創り出すこと」です。出来上がった既定路線に身を委ねているだけでは、今日とは違う未来を創り出すことはできません。

ドラッカーはこう言っています。

未来において何かを起こす責任を受け入れなければならない。進んでこの責任を引き受けなければならない。進んでこの責任を引き受けることが、単に優れた企業から偉大な企業を区別し、サラリーマンから事業家を峻別する。（『創造する経営者』）

進んでこの責任を引き受け入れるかどうか。後継者の力量で、「ただの会社」か「エクセレントカンパニー」となるかが決まってしまいます。さらに、「本物の後継者」か「サラリーマン社長」かが決まってしまうということです。

既にこのパートのはじめに紹介した、進んで後継者の責任を引き受けた、ジェフリー・イメルト社長の就任挨拶を再掲します。

「私は三つのことを守る。仕事に全力を尽くすこと。誠実であること。そして変化を恐れないこと。事業の成長は、チームワークと規律から生まれる。私はこの二つを実践する。

社長は優秀なコミュニケーターでなければならない。わかりやすい言葉で、頻繁にコミュニケーションをとらなければならない。そして正直で率直でなければいけない。」

その三つを守り、その二つを実践している小野専務のお人柄に触れながら、全人格的な献身、後継者の魂に圧倒されました。事業家として、さらに偉大な企業を繁栄していかれることを確信しています。

POINT

- **社長に就任したら、生涯年中無休の覚悟が必要。**
- **後継者には「守り続ける責任」「変え続ける責任」がある。**
- **後継者に課せられた責任は今日とは違う未来を創り出すこと。**

Action Point

- 経営チームで話し合いながら決めるやり方に変える。
- 経営チームで経営計画をつくり、プレゼンしてもらう。
- 経営チームは、上の了解を得るまで経営目標をブラッシュアップする。
- 経営チームは目標、期限、責任者が書かれた工程表を作成する。
- 後継の経営チームは1年に1回はわが社のあるべき姿を問いただす。
- トップは後継の経営チームに5つのことを遂行してもらうよう教え導く。
- 従業員に1年に1回、自分で自分の仕事を評価できる機会をつくる。
- トップは何をやらないかを決める、自分の役割を変えていく。
- 「本当にこの事業を経営したいか」コミットメントしてもらう。

CHAPTER 5

第5章

世代交代のマネジメント

今日、明日のマネジメントにあたるべき人間を
準備しなければならない。
人的資源を更新していかなければならない。
確実に高度化していかなければならない。
そして次の世代は、現在の世代が刻苦と献身によって達成したものを
当然となるべき新しい記録をつくっていかなければならない。

ピーター・ドラッカー『経営者の条件』

01

トップが後継者に行うべき10のヒアリングポイント

ある会長が社長に言ったアドバイス

「自分は社内のことはよくわかっている。だが、物の見方は固まってしまっている。だから、もし社外から来た人ならどんなふうにするだろうか、と考えてみるべきだ。」これは、米国の大手百貨店のシアーズローバックの会長が社長のアレン・レーシーに言ったアドバイスです。会長は社長に、「客観的な物の見方の重要性」を伝えたのですね。

この章では、「社長から会長になったあなたは後継者のメンターとしてどうあるべきか」「後継者は先代との良い関係を維持するためにどうあるべきか」ということについてお伝えします。

自分を信じることは必要です。自分を信じなければ、何も決断できないからです。同時に、自分を信じることと同じくらい大事なことがあります。それは、「自分は何を知らないか」「自分は何ができないか」を理解しておくということです。その理解がなければ、やがて自信過剰になり、ときには慢心に陥り、思わぬ失敗を招きます。

アレン・レーシーは社長に就任した時、自分が取り組むべきことは2つあると考えていました。1つは、「自分がよく理解している事業は、どんどん進めて3年以内に2倍の規模にしよう」というもので、もう1つは、「自分が関わってこなかった事業は、じっくり時間をかけて戦略を練りあげよう」というものでした。

彼は、自分が関わってこなかった事業について、3名の役員でチームを編成し、9ヶ月間「その事業を成功させるために必要なことは何か」ということについて、徹底的に議論し、戦略を練り上げました。その後、彼は自分が関わったことのない事業を大きく成長させることに成功しました。

後継者には耳を傾けることのできる相談相手が必要

ドラッカーは、レオナルド・ダ・ヴィンチが甥に書いた手紙の中にある「その時代に生きた者でなければ時代の変化はなかなかわからない。」という言葉を引いて、「その時代に生きて、渦中にいる我々でさえよくわからない変化がある」と言いました。そして、私はあなたの後継者に、**「その会社の社長でさえ自分の会社で起こっている変化がわからないことがある。」**とお伝えしたいです。

ドラッカーはこう言っています。

創業者は基本的な意思決定について話し合い、耳を傾けることのできる相談相手を必要とする。ただしそのような人間は社内ではめったに見つからない。創業者の判断や強みを問題にできる外部の人間が必要である。創業者たる企業家に対し、質問をし、意思決定を評価し、市場志向、財務見通し、トップマネジメントチームの構築など生き残りのための条件を満たすよう絶えず迫っていく必要がある。（『イノベーションと企業家精神』）

創業者とは、ゼロから事業を起ち上げた人のことです。新しい局面に遭遇する二代目、三代目の経営者にも相談相手は必要です。それは後継者も同じです。ドラッカーは、「外部の人間による相談相手が必要」と言っていますが、外部の人間は何かとお金がかかりますよね。社長から会長となったあなたが、後継者のメンターとなって、彼に質問をし、意思決定を評価し、市場志向、財務の見通し、経営チームのことなど、考えるテーマを提示しながら、後継者の支えとなっていきましょう。

それが、メンターの役割

「毎日小言を言うのではなく、助言と愛を与えるような誇りある親の役割を担う。」

これは、米国グーグルの共同創業者、ラリー・ペイジとセルゲイ・ブリンが、親会社の最高経営責任者と社長を退任する際に言った言葉です。

彼らが言ったその役割こそ、社長から会長になったあなたが担うものです。

客観的な物の見方を引き出すことが、メンターの役割です。「その会社の社長でさえ自分の会社で起こっている変化がわからないことがある」という状態に、後継者が引きずり込まれにないように後継者の助けとなっていきましょう。それが先ほどお伝えした、「助言と愛を与えるような誇りある親の役割」です。

週に1回、約50分程度の時間を使って、後継者と面談し、左にある「トップが後継者に行うべき10のヒアリングポイント」を使って、後継者に質問してください。

質問は「自分が知るための質問」と「相手に気付きを促すための質問」があります。ここで行う質問は後継者の「相手に気付きを促すための質問」です。

人は自分で考えていないことであっても、質問を受けることによってはじめて、そのことについて考えます。考えることによって視界が広がります。そして、質問に答えることで、自分の考えが整理されます。こうして後継者は、見えていなかったものに気付くことができたり、大事なことを自ら発見し、自分の仕事ぶりを自分で高めていきます。それが、このヒアリングのねらいです。

1回で10回の質問をすべてこなさなくて結構です。また、言葉の言い回しは、ご自身がしっくりくる言い方に変えてくださいね。

トップが後継者に行うべき10のヒアリングポイント

1. あなたの仕事について
私は何を知らなければならないか

2. われわれの組織について
何か気になることはないか

3. 私に聞きたいことは何か

4. われわれが手をつけていない機会は
どこにあるか

5. われわれが気づいていない危険はどこにあるか

6. 今うまくいっていることは何か

7. 今うまくいっていないことは何か

8. 改善しなければならないことは何か

9. 私はあなたの助けになることをしているか

10. 私はあなたの邪魔になるようなことをしているか

会長がやってはいけないことがある。それは…

板挟み。

それは、二つの立場の間に立って、どちらにつくことも出来ずに困っている状態のことです。会長は「いいよ」と言っているのに、社長が「ダメだ」と言っている。またその逆で、社長は「いいよ」と言っているのに、会長が「ダメだ」と言っている。これが板挟みです。当人同士は、さほど気にならないかもしれませんが、二人の間に立たされる側にとっては、悩ましい問題です。部下の立場からすれば、「上で、もっとちゃんと、意思の疎通を図ってほしい。」と言いたいところですが、そんなことは言えません。

ドラッカーはこう言っています。

誰にとっても、上司は一人でなければならない。（中略）しかも、忠誠の板挟みを避けるべきは、昔からの原則である。二人以上の上司をもつことは、板挟みになることである。

（『明日を支配するもの』）

指示系統は一つでなければならない、ということですね。指示系統を一つにすれば、板挟みは、ある程度解消できます。その一方で、一つのことについて決定できる人が二人いれば、組織は必ず混乱します。そのような混乱を生まないために、誰がどんな決定権を持つか、ということを明らかにしましょう。

Action

会長と社長は、それぞれ何を決定するか整理してください。

会長が決定権を持つもの

○○○○万円を超える投資（例）、部長以上の昇格人事。（例）

社長が決定権を持つもの

○○○○万円を超えない投資（例）、部長以下の昇格人事。（例）、中期経営計画

会長と社長がそれぞれに持つ決定権の範囲だけなく、次期社長になる後継者は、会長がしっくりくる仕事のやり方を理解すると、より自分も仕事がやりやすくなります。

詳しくは、次のところでお伝えします。

POINT

- **社長の退任は「引退すること」ではなく「役割を変えること」にすぎない。**
- **会長は、後継者に10のポイントでのヒアリングを行う。**
- **会長は、ヒアリングから自分の果たすべき貢献を見出す。**

02 会長に2つのことを聞く

会長との良い関係を築く

「上役と部下は、お互いに貢献し合う関係である。すなわち、上役に自分が何をプラスすることができるか。逆に、上役から自分にプラスになるものとして何を奪えるかという関係である。このバランスが崩れれば、上役であること、あるいは、部下であることに意味がなくなる。」

ドラッカーは、上役と部下に関係について、そのように言いました。

このパートでは、「後継者はどうあるべきか」ということについてお伝えします。

取締役から社長になった方は、会長という存在がいる以上、社長であってもトップでは

ないことを忘れず、会長との信頼関係を築いていかなければなりません。会長との良い関係を築くことは、精神的なものでもなければ、単なる心掛けではありません。会長との良い関係を築くということは、仕事であり、責任です。社長の上には会長という上司がいる以上、社長とはいえ、上司に対する部下たるものとしての務めがあるからです。

会長との良い関係を築くということは、「自分がやりやすいやり方を会長に押し付ける」のではなく、「会長にとってしっくりくるやり方を工夫して仕事にあたる」、ということです。

では、具体的に何をすべきか、一つひとつをお伝えしてまいります。

何がやりやすくて何がやりにくいか直接聞く

あなたの仕事のやり方で上司がやりにくさを感じているものがあるとすれば、それは何でしょうか？

もしかすると、会長は社長であるあなたの仕事ぶりに、頭を悩ませているかもしれません。会長はそれをしまい込んで、口に出さずにいるだけかもしれません。会長は自分のやりやすいように仕事をする権利をもった、役職を超越した一個の人間です。部下であるあなたは、会長にとって、しっくりくるように工夫する責任があります。では、どうすればいいのでしょうか。

ドラッカーはこう言っています。

上司が成果を上げるためには、何が役に立ち、何が邪魔になっているのかを直接本人に聞かなければならない。（『プロフェッショナルの原点』）

「会長、私がやっている仕事のやり方で、しっくりくるものと、しっくりこないものを教えてください。しっくりくるものはさらに増やし、しっくりこないものは改善します。」

会長にそのように直接聞いてください。そして、聞くだけではなく、次の2点について、どのように工夫して仕事のやり方を変えるかを報告してください。それだけでも、会長は安心してくれるはずです。

1．しっくりくるやり方を増やす

2. しっくりこないやり方をなくす

ドラッカーは今お伝えしたことを、お客様に実行したそうです。ある銀行の頭取と、月に一度、丸一日かけて懇談的に行うコンサルティングを7年間行っていました。コンサルティングの仕事を始めてから2年が過ぎた頃、ドラッカーはその銀行の頭取にこう尋ねました。「私がやっている仕事のやり方で、しっくりくるものと、しっくりこないものを教えてもらえますか。しっくりくるものはさらに増やし、しっくりこないものは改善します。」

すると、次のような反応が返ってきました。「ドラッカー先生、実はあなたのレポートは使いやすいとは言えません。ドラッカー先生からレポートをもらったあと、私は何時間もかけてレポートを社内用に書き直しているんです。」それ以来、ドラッカーは、そのお客様が社内で使いやすいような形式でレポートを提出するように工夫したそうです。その結果、そのお客様はこういってくださったそうです。

「ドラッカー先生、ありがとうございます。とても使いやすくなって助かっています。」

このように、自分が今やっている仕事のやり方で、しっくりくるものと、しっくりこないものを教えてもらうことによって、仕事のやり方を改善することは、お互いに計り知れないメリットがあります。ぜひ会長に、

「私がやっている仕事のやり方で、しっくりくるものと、しっくりこないものを教えてください。しっくりくるものはさらに増やし、しっくりこないものは改善します。」

と直接聞いてくださいね。会長に安心してもらえる分、社長のあなた自身が、仕事をしやすくなります。

POINT

- **世代交代とは、今の社長が会長になり、取締役の誰か一人が社長になること。**
- **後任の社長の務めは、会長との信頼関係を築くこと。**
- **会長にとってしっくりくるものを増やし、しっくりこないものをなくす。**

03

会長の仕事のやり方を知る

人によって関心の内容が違う

「上司はけっしてイエスマンを望んでいるわけではない。何にでも反対し、文句を付けてくるへそ曲がりも、もちろん困る。上司がほしいのは、理に適った直言なのだ。賢い上司は部下を本能的に三種類に分類している。ゴマすり、アマノジャク、そしてバランス感覚のよい部下。できれば、この第三のカテゴリーに分類されたいものである。」

こう言ったのは、保険会社ジョン・ハンコックのCEO、デービッド・ダレンサンドロです。

このパートも引き続き、「後継者はどうあるべきか」ということについてお伝えします。

前のパートより、さらに具体的にお伝え致します。

すべての上司が個性ある人間として、それぞれ何らかの偏りを持っています。生身の人間である以上、長所があれば短所もあって当然です。また、どんな人も関心を持てるものと関心を持てないものがあります。

私が知るある会長は、売上の額については強い関心を持っていますが、理念など組織の精神性についてはまったくの関心を払いません。また、ある会長は、社員の教育には自ら講師をやるほど強い関心を持っていますが、役員の教育にはまったく興味を示しません。

このように人によって、向けられる関心に違いがあります。さらには、得意とする仕事と得意としない仕事があります。

一騎当千の会長とはいえ例外ではありません。会長が得意とする分野の決定には会長の力を借りことが望ましいですし、会長が得意としないことについては、会長に安心してもらえるように工夫しなければなりません。では、どうすればいいのでしょうか。

ドラッカーはこう言っています。

あるがままの上司が、個性ある人間として存分に仕事ができるようにすることが部下たる者の務めである。（『プロフェッショナルの原点』）

仮に、あなたの会社の会長は営業に強く財務の数字に弱い人だとしましょう。会長が得意とする営業については、何か重要な意思決定をする時は、はじめから会長に関わってもらう方がいいでしょう。逆に、会長が得意としない財務の数字については、あらかじめ十分な分析を用意して報告した方がよいでしょう。

これはたとえ話しですが、実際に、あなたの会社に置き換えて取り組んでください。そうすることによって会長に安心してもらえます。その積み重ねが会長との信頼関係を築き上げることに繋がっていきます。ぜひ、実行してみてくださいね。

「美しい女性を口説こうと思った時、ライバルの男がバラの花を10本贈ったら、君は15本贈るかい？　そう思った時点で君の負けだ。ライバルが何をしようと関係ない。その女性が本当に何を望んでいるのかを、見極めることが重要なんだ。」

この言葉は誰が言ったか、あなたもご存じですね。そうです。スティーブ・ジョブズです。

相手が何を望んでいるのかを考えることが大事だ、ということですね。

社外にあってはお客様の身になって考えましょう。社内にあっては上司に配慮して仕事をしましょう。自分のやりやすいやり方を会長に押し付けるのではなく、部下たる者の務めとして、会長の強みを生かす仕事を組み立てていきましょう。会長の強みは何でしょうか。大事なことは、

「憶測せずに、直接聞く」

ということです。次のページの「会長の強みは？」を参照しながら、会長に会長の強みを教えてもらってください。

8.	実行の方法は	□ 教えるときのほうがいい □ 相談役のほうがいい
9.	力を発揮する役割は	□ 時間がなくギリギリの時 □ 余裕をもって取り組んでいる時
10.	仕事のやり方は	□ 十分考えてから始める方がいい □ まずは始める方がいい
11.	効率が上がるのは	□ 朝の時間帯の方がいい □ 夜の時間帯の方がいい
12.	文章を書くのは	□ 下書きしてからの方がいい □ 完璧な文章を一つひとつ書く
13.	スピーチする時は	□ 原稿を用意する方がいい □ 何も用意しない方がいい
14.	仕事ができるのは	□ 詳細な筋書きがある方がいい □ 詳細な筋書きはない方がいい

会長の強みは？

1. インプットは	□ 文章の方がいい □ 口頭の方がいい
2. アウトプットは	□ 文章の方がいい □ 口頭の方がいい
3. 学び方は	□ メモをとるほうがいい □ 聞くこと方がいい
4. 仕事を進め方は	□ 人と組んだほうがいい □ 一人のほうがよい
5. 力が発揮されるのは	□ チームの一員として働くのがいい □ 助手役として働くのがいい
6. 力を発揮する環境は	□ 緊張や不安があったほうがいい □ 安定した堅強のほうがいい
7. 得意な役割は	□ 意思決定者としてのほうかいい □ 補佐役としてのほうがいい

「自分が出したアイディアを、少なくとも一度は人に笑われるようでなければ、独創的な発想をしているとは言えない。」

これは、マイクロソフトの創業者、ビル・ゲイツの言葉です。

今、会長にとって、しっくりくるやり方で仕事をしようとお伝えしていますが、「会長のご機嫌をとろう」、という話ではありません。後継者として社長を引き継いだあなたには、社長としての責任があることを忘れないでください。

「会長に合意をもらえる無難な考えに留まる」のではなく、「会長に笑われるような独創的な考えを持つ」、そんな社長であってください。それでこそ後継者として、次の未来を拓いていくことができるからです。

POINT

- **会長の一番の関心事を理解する。**
- **会長が得意とするものは会長の力を借りる。**
- **会長に安心してもらえるように努める。**

04

会長への報告の仕方を決める

しっくりくる報告の受け方は人それぞれ

「彼は報告すら、ちゃんとしてくれない。あげてくる報告といえば、しょうもないことばかりだ。彼は肝心なことはちっとも報告してこない。」

都内にある年商100億を超える規模の企業の会長の言葉です。社長に対して、そのような不満を持つ会長はその社長を解任してしまいました。あまりにも極端な例ですが、報告はそれほど重要なものです。

このパートでは、「トップへの報告の仕方について、後継者としてどうあるべきか」、さらに具体的にお伝えします。

会長にとってしっくりくる報告をするために、あなたが工夫していることは何でしょうか。「特にない」かもしれませんね。実は多くの人がそうです。多くの人が、自分が報告したい内容を、自分のやりやすい方法で、自分にとって都合のいいタイミングで、自分の好む頻度で、報告を行っています。逆に、会長が知りたい内容を、会長がしっくりくる方法で、会長にとって都合のいいタイミングで、会長の好む頻度で、報告を行っている人はごくわずかです。

人は、「話を聞いて物事を処理するのを好むタイプ」と「文書を読んで物事を処理するのを好むタイプ」がいます。米国の元大統領フランクリン・ルーズベルトやハリー・トルーマンは、「話を聞いて物事を処理するのを好むタイプ」で、書類を渡しても、全然ダメで、直接話すと結論が早かったと言います。逆に、アイゼンハワー元大統領やケネディ元大統領は、「文書を読んで物事を処理するのを好むタイプ」で、文書を渡さないと、まったく話にならなかったといいます。

大統領といえども、生身の人間です。自分が受けたい報告の仕方も、大統領によってそれぞれ違います。たとえば、ルーズベルト元大統領は、翌日になってから報告すると「なぜ、その時私に言わなかったんだ!」と言ったそうです。彼は、リアルタイムで報告を受けないと気が済まなかったのです。また、トルーマンは、一部始終報告すると、「何から何まで報告を受けていたら大変じゃないか。報告は、私が決断しなければならないことだけにしてほしい」と言ったそうです。

大統領が知りたい報告内容、大統領が好むタイミング、大統領が望む頻度など、しっくりくる大統領の受け方は人それぞれ違ったのです。知りたい報告内容、好むタイミング、望む頻度など、しっくりくる報告の受け方は人それぞれ違います。では、どうすればいいのでしょうか。

ドラッカーはこう言っています。

報告の仕方を決めなければならない。どのようなときにどのような頻度でどのように報告するかについて決めなければならない。（『日本に来たドラッカー　初来日編』）

会長に直接聞いて、会長にとってしっくりくる報告の仕方を決めてください。

会長が好む報告の仕方は、口頭での報告でしょうか、それとも書面での報告でしょうか。口頭での報告を好むのであれば、結論から聞きたいか、経緯から聞きたい人か。書面での報告であれば、詳細に書かれた分厚い書類がいいか、1ページに簡潔にまとめられたものがいいのか、あるいは、図表がある資料をきれいに綴じたものがいいのか。会長にとって都合のいい報告のタイミングは、朝出勤した時か、常に情報が用意されていることを求めているのか、または、1日の終わりに情報が手元にあることを求めているか。会長にとって都合のいい報告のタイミングはいつでしょうか。会長が求めている報告の内容は、会社の状況、経営計画の進捗状況か、そうではなく、起こった変化についてか、新しい行動を起こすときの目的や成果についてか。会長が求めている報告の内容は何でしょうか。会長が好む報告の頻度は、1日1回がいいのか、週1回がいいのか。直接会って報告を聞きたいのか、または、メールを送っておけばいいのか、会長が好む報告の仕方はどのようなものでしょうか。

会長が好む報告の仕方は？

1. 方法は	□ 書面の方がいい（文字を読むこと） □ 口頭、電話がいい
2. 報告の順番は	□ 結論から話してほしい □ 経緯から話してほしい
3. 内容は	□ できるだけ細かい方がいい □ 簡潔に概要だけでいい
4. 情報の中身は	□ 数字を入れてほしい □ 感覚的なものも加えてほしい
5. 意見は	□ 意見も言ってほしい □ 意見は言わなくていい
6. 結論は	□ 結論を持ってきてほしい □ 結論は用意しなくていい
7. タイミングは	□ 聞いた時に言ってほしい □ 朝一番がいい
8. 定期的な報告は	□ 1日1回がいい □ 週1回がいい

それらを会長に直接聞いて、明らかにしてください。ささいなことといえばささいなことですが、その小さな工夫の積み重ねが、会長との信頼関係を築き上げることに繋がっていきます。ぜひ、実行してくださいね。

ドラッカーはこう言っています。

> 上司もまた人であって、それぞれの成果のあげ方があることを知らなければならない。上司に特有の仕事の仕方を知る必要がある。単なる癖や習慣かもしれない。しかしそれらは実在する現実である。（『経営者の条件』）

POINT

- 会長にとってしっくりくる報告の仕方を決めておかなければならない。
- 会長は読む人か聞く人かを理解しなければならない。
- どんなときにどんな頻度で報告するかを決めなければならない。

05

ケネディ大統領もそれを実践した

緊急時の連絡体制をどうしてますか

1961年、米国は国家の安全保障確保のため、キューバに侵攻しました。それは、政権がスタートして日が浅く、政府として完全に機能するに至っていない時のことでした。閣僚やスタッフの意思疎通は不十分なまま、その作戦について、しっかり検討が行われていない状態で実行に踏み切ったのでした。しかし、米国軍はキューバ軍に撃退され、作戦は失敗に終わりました。

反戦派だったケネディ大統領が、積極的に攻撃を仕掛ける作戦に出たことに、周囲は、「何があったのか?」と、彼の様子に驚いていました。CIA(Central Intelligence Agency)と言われるアメリカの情報機関のトップであったダレスという長官がケネディ

大統領に事実と異なる報告を行い、大統領を戦争に誘導していたのです。

渦中、ケネディ大統領は、現場から上がってくる報告に対して、逐次、指示を出していました。時間の経過とともに、彼は自分に届く情報の正確さに疑問をもちはじめました。大統領は、閣僚を一同に集めて、報告内容がどこまで正しいかを確認しました。すると、自分に上がってきた情報は、事実とかなり食い違っている、ということがわかりました。ケネディ大統領は、自分が出した指示の修正に追われる羽目になってしまったのです。

ホワイトハウスの中にいた何人かの報道関係者は、自分が出した指示を二転三転変更する大統領の姿を見ていました。記者は、「大統領が指示を二転三転させていること」を記事にしました。そのことを新聞で知った大勢の国民は、「自分が出した指示をころころ変える、そんな優柔不断な大統領にこの国を安心して任せておけない」と思ったのでした。今ここで政治の話をしているわけではありません。

そんな事例を紹介しつつ、ドラッカーはこう言っています。

上司を不意打ちから守ることである。ビジネスの世界にうれしい不意打ちはなく、責任のあることについて不意打ちされることは恥をかかされ、傷つけられることになるからである。
（『プロフェッショナルの原点』）

ケネディ大統領は、記者会見で痛烈な非難を浴びました。彼は、責任のあることについて不意打ちされ、恥をかかされ、傷つけられたのです。

企業にあっても、組織内でこれと同じことが起こりますし、実際に起こっています。会長に、「私は聞いていない」「私は知らなかった」といったことに遭遇させないために、次の3点について、予め申し合わせしておきましょう。

どんなに緊急性の高い報告とはいえ、部下からすれば、深夜に上司に連絡することに、若干のためらいがあります。そのためらいが、連絡の速さを損ねることになります。たとえば、緊急性の高い情報については、「深夜であろうと直ちに携帯電話で一報しなければならない」と決めておくことによって、連絡する側も連絡しやすくなります。

ぜひ緊急時の報告方法を決めてください。

Action

1. 重要性の高い情報とは何か

御社にとって、重要性の高い情報とは何か、取締役会、経営チーム、経営企画部で、意見を出し合って、定義してください。

2. 緊急性の高い情報とは何か

御社にとって、緊急性の高い情報とは何か、取締役会、経営チーム、経営企画部で、意見を出し合って、定義してください。

3．緊急性の高い情報の報告方法

御社は、緊急性の高い情報の報告方法をどうするか、取締役会、経営チーム、経営企画部で、意見を出し合って、定義してください。

ここまで、会長に2つのことを聞く、会長の強みを生かす、報告の仕方を決める、緊急時の報告方法を決めておく、という点についてお伝えしてまいりました。この4つのことを実行することによって、会長により安心してもらうことができます。

POINT

- **「聞いていない」「知らなかった」という不意打ちに遭遇させてはいけない。**
- **緊急性の高い情報と重要性の高い情報を区分しておく。**
- **緊急性の高い情報について、共有方法と報告方法の仕方を決めていく。**

06

後継者の能力を測る4つの成果

後継者の仕事ぶりをモニターする

「メンバー一人ひとりを評価するだけでなく、チーム全体としての能力を評価することも必要である。一つの事業単位としてうまく機能しているか。適材が適所に配されているか。どの人にどの事業を担当させればトップはリーダーシップを発揮しやすいか。チームは会社の将来のために、貢献しているか。能力を測っていかなければならない。」

経営チームの能力を測る必要性に言及したのは、インテュイット社の社長兼ＣＥＯのスティーブ・ベネットさんです。

このパートでは再び、「トップは後継者のメンターとしてどうあるべきか」についてお伝えします。

後継者の役割は、「長期にわたって業績を上げ続けること」です。そして、トップであるメンターの役割は、後継者の能力を測っていくことです。業績をあげるために、「適切な仕事が行われた」「適切な仕事は行われていない」、そのように、ぱっとわかるリトマス試験紙のようなものがあれば便利ですよね。後継者の能力を測るために、何を見ていけばいいのでしょうか。

ドラッカーは次のように、4つあると言っています。


投資、人事、イノベーション、計画に関して優れた仕事、あるいは少なくとも適切な仕事を行なわない限り、業績をあげることはできない。これら四つの領域は、会社経営そのものではない。リトマス試験紙である。あらゆる経営陣がテストすべき試験紙である。（『実践する経営者』）

1. 投資について

「うちの会社は、何かに投資する時は、いろいろ議論するんですが、決まったあとは、何も検証しなんです。」「一昨年、何千万もかけてあるシステムを導入したのですが、今は誰も使っていません。」「昨年はマーケティングに3000万もかけたんですが、どれくらい成果があったのか私も知りませんし、誰も知りません。」これらはある企業から聞いたものです。そうなってはいけませんよね。経営チームが、何に、どれくらいの投資をし、どれくらいの成果を見込んでいたか、どれくらいの成果があったかを見ていきましょう。

Action

後継者が行った投資について、うまくいったものと、うまくいかなかったものを明らかにし、あなたは後継者にどんなアドバイスをすべきか、記入してください。

2. 人事の決定について

人材の配置が、期待した結果を生まなかったなら、決定が間違っていたということです。昇進の失敗は昇進した人の問題ではありません。昇進させた人の失敗です。

Action

後継者が行った、採用、異動、昇格、等について、期待した結果を生んだものと、そうでないものを明らかにしてください。あなたは後継者にどんなアドバイスをすべきか、記入してください。

3. イノベーションの成果について

イノベーションとは、「事業を新しい次元に進化させること」です。イノベーションに成功している会社は、次の3つの視点で成果を見ています。1つは新規事業についてです。

「今の事業をまったく新しい業態として起ち上げ、事業を軌道に乗せることができたかどうか」です。２つ目は新商品についてです。「他社が手掛けていないもので、お客様の新しい満足を創り出せたかどうか」です。３つ目は新しい市場についてです。「新しい市場を創り出すことができたかどうか」です。

Action

後継者が行った、イノベーションについて、うまくいったものと、うまくいかなかったものを明らかにしてください。あなたは後継者にどんなアドバイスをすべきか、記入してください。

４．計画の達成度合いについて

経営計画は３つの視点から見ていきましょう。１つは進捗です。立てた計画に対して、

「前倒しか」「予定とおりか」「遅れているか」。これは、把握できていなければいけません。2点目は、適切な軌道修正をしているかどうかです。現実は予想通りに進んでくれません。したがって、適切な軌道修正をする力が必要です。3点目は、「設定した目標が適切だったかどうか」です。「立てた目標が今の市場の変化に適切な内容であったかどうか」「立てた目標が今の社会の動きに照らして適切な内容であったかどうか」を見ていきましょう。

Action

後継者から立てた計画の進捗を常に報告してもらってください。そこから見えたことを後継者にどのようにフィードバックすべきか記入してください。

以上、これら4つのことを、メンターであるあなたが、後継者に定期的に問うことによ

って、後継者は自ずとこれら4つのことに、注意を払うようになっていきます。こうして、後継者の仕事ぶりを高めていくことができます。

「こちらが教え込む」のではなく「本人に学び取らせる」ことこそ、メンターの重要な役割ですよね。ぜひ、実行してくださいね。後継者はみるみる成長していきますから。後継者の活躍が楽しみですね。

POINT

- **後継者の役割は、長期にわたって業績を上げ続けること。**
- **トップであるメンターの役割は、後継者の能力を測っていくこと。**
- **投資、人事、イノベーション、計画の仕事についてモニターしていく。**

07

サクセションプラン（後継者育成計画）

次の世代が今の世代を越えていけるように

「青《あお》は藍《あい》より出《い》でて藍《あい》より青《あお》し」

これは、中国の思想家、荀子《じゅんし》の言葉です。藍から取る青色の染料は、原料の藍よりも青くなることから、「次の世代は今の世代を越えていく。だから、今の世代は次の世代をより良いものにしていかなければならない。」という教えとして、語り継がれています。

ある企業でこんなことがありました。

社長は83歳、専務が68歳で、常務が66歳という経営体制でした。その下に数名の部長がいたのですが、次の世代を担うにふさわしい人材が一人としていませんでした。育成に取り組んでいかなければ、引き上げる人材は途絶えてしまいます。この企業は、次の世代の育成をしてこなかったため、あまりにも大きなツケに直面しました。このような事態にならないために、どうすればいいのでしょうか。

ドラッカーはこう言っています。

今日、明日のマネジメントにあたるべき人間を準備しなければならない。人的資源を更新していかなければならない。確実に高度化していかなければならない。そして次の世代は、現在の世代が刻苦と献身によって達成したものを当然となるべき新しい記録をつくっていかなければならない。（『経営者の条件』）

〝今の世代は、常に次の世代を引き上げられるように準備しておかなければなりません。前もって次の世代を育て、次の世代が今の世代を越えていけるように取り組んでいきましょう。〟ということですね。

では、具体的に何をすればいいかを、今からお伝えしていきます。

ある企業の後継者育成計画

「目先の業績を上げるだけならわけはない。次の次の世代のために種を仕込むのが社長の仕事だから苦労する。」

こう言ったのは、東レ株式会社の元代表取締役社長の伊藤昌壽さんです。あらためて、トップの仕事について考えさせられる言葉ですね。

会社は永続しなければなりません。そのためには、次の時代を担う人材を継続的に輩出していかなければなりません。おのずと、将来を見据えた育成計画が必要となってきます。会社を永続させるための長期的な人材育成計画を、〝サクセションプラン〟と言います。それは、人目に付かず、水面下で粛々と進められるもので、各階層、各部門ごとに、必要な時に、必要な人材を登用することを常時可能にすることを目的とした、トップマネジメントの重要な仕事の一つです。

米国大手電機メーカーのゼネラル・エレクトリック社は、人材育成の模範の一つとして注目されている企業の1つです。1993年、当時、CEO（最高経営責任者）のジャック・ウェルチは、22万人の従業員の中から、22名を後継者として選びました。ウェルチは、その後継者候補を3つに分けました。CEOに選ばれる可能性の高い人が4名で、次に選ばれる可能性の高い人が6名で、まちがいなく選ばれないであろうと考えられた人は12名でした。それから7年の歳月をかけて、必要なことを学ばせ、必要なトレーニングをさせ、必要な経験を積ませることによって、彼らを育成していきました。そして、後継者候補を3名に絞り込みました。最終的にウェルチの後継者に選ばれたのは、まちがいなく選ばれないであろうと考えられた人の12名の中にいた、44歳のジェフ・イメルトでした。ジャック・ウェルチが退任したあと、ジェフ・イメルトは後任のCEOとなって、さらに会社を発展させていきました。ウェルチは、在任中における「会社を永続させる責任」を果たしたのです。ゼネラル・エレクトリック社も、粛々と、今も水面下で〝サクセションプラン〟を行っています。

ある企業の幹部育成計画

ある企業の事例を紹介します。

東大を首席で卒業したAさんは、学歴で将来を嘱望され、入社時既に、将来の役員候補としてリストに載りました。しかし、Aさんは5年経っても、なんの芽も出ないため、会長、社長、取締役1名、人事部長で構成される人事委員会にて、リストから削除されました。Aさんは役員候補ではなくなりました。一方、入社時は期待されていなかった7名が実績を積み、将来の役員候補として新たにリストに追加されました。何年か経ち、7名中4名の人間が部長から執行役員に昇格し、その4名は将来の役員候補となりました。9年後、57歳と59歳の役員2名が退任しましたが、前述した4名中2名は、経営研修を受けて、経営者の仕事は何たるかを学び、役員となりました。この企業は、「役員が少なくなって会社の力が弱まる事態」の回避に成功しました。

常に、課長の不足、部長の不足、本部長の不足、事業部長の不足、取締役の不足に課題を抱える企業がある一方で、そのような悩みに直面せず、各階層の人材不足を未然に回避している企業もあります。それは「サクセションプランがあるかないか」、それだけの違いです。ぜひ御社もサクセションプランに取り組み、計画的に後継者を育成していってください。

必要な時に必要な人材がいないということにならないために

「人材の多様化を積極的に進めてきたために、人材を多様化するうえで注意すべきことがわかってきました。ひとつは、せっかくの多様な人材を既存の仕事の枠にはめ込んでしまってはなんの意味もないということです。豊富な経験を積んだ熟年社員に対して、新入社員と同じような業務研修を行い、自社の色に染めようとするのは時間の無駄です。それよりも彼ら自身の色をオリックスでどのように生かすかを考えてもらう一方で、会社側はそれぞれの色を実現しやすい役割分担や職場環境作りをした方が有意義だということです。」

こう言ったのは、オリックス株式会社の元会長兼グループＣＥＯの宮内義彦さんです。

人材というと、つい「育てる」という発想になってしまいがちですが、人を「生かす」

職場環境を作ることが大事だということですね。

「必要な時に必要な人材がいない」という事態にならないために、「未来の目標から逆算して、どんな人材がいつ必要か」を明らかにしてください。計画に基づいた採用と育成があってこそ、将来に描く繁栄を実現していくことができるからです。

映画は脚本に基づいて必要な人物が決まり、その人物に俳優を採用して、脚本に基づいて演技を撮影します。同じように、会社も目標に基づいて必要な人材が決まり、その人材を採用し、計画に基づいて目標を実行します。必要な人材を明らかにし、その人材を採用し、その人材を生かしていきましょう。

POINT

●サクセションプラン（後継者育成計画）は経営者の重要な仕事。
●前もって必要な人材を採用し、必要な人材を育てていく。
●必要な時に必要な人材がいないという事態を回避する。

08
同族企業にとってのキーワードは「同族」ではなく「企業」

会社に同族がいるのは当たり前

同族企業というと、中小零細を連想しがちですが、けっしてそうではありません。創業者やその一族が経営の中心にある著名な企業は次のとおり、数多くあります。

トヨタ自動車（豊田家）、サントリー（鳥井・佐治家）、キッコーマン（茂木家）、キヤノン（御手洗家）、パナソニック（松下家）、ＹＫＫ（吉田家）、村田製作所（村田家）、セイコー（服部家）、アイリスオーヤマ（大山家）、藍澤證券（藍澤家）、岩井コスモ証券（笹川家）、岡三証券（加藤家）、極東証券（菊池家）、村田製作所（村田家）、ＳＡＮＫＹＯ（毒島家）、スズキ（鈴木家）、堀場製作所（堀場家）、タカラトミー（富山家）、タイガー魔法瓶（菊池家）、カシオ計算機（樫尾家）、アパグループ（元谷家）、森ビル（森家）、新潮社（佐藤家）、ベネッセコーポレーション（福武家）、大日本印刷（北島家）、朝日新聞社（村山家、上野家）、ブルボン（吉田家）、江崎グリコ（江崎家）、赤福（濱田家）、湖池屋（小池家）、ハウス食品（浦上家）、神戸屋（桐山家）、アヲハタ（青木家）、日清食品（安藤家）、ロート製薬（山田家）、龍角散（藤井家）、マンダム（西村家）、ポーラ（鈴木家）、日本メナード化粧品（野々川家）、サンスター（金田家）、東武鉄道（根津家）、富士急行（堀内家）、日本交通（川鍋家）、丸井（青井家）、コナカ（湖中家）、AOKIホールディングス（青木家）、ヨドバシカメラ（藤沢家）、講談社（野間家）サントリーホールディングス（サントリー）、伊藤園（本庄家）、UCC上島珈琲（上島家）、キッコーマン（茂木家）、森永製菓（森永家）、江崎グリコ（江崎家）、ハウス食品（浦上家）、ミヨシ油脂（三木家）、山崎製パン（飯島家）、日清食品（安藤家）、大正製薬（田中家）、小林製薬（小林家）、コーセー（小林家）、イオン（岡田家）、ヤマダ電機（山田家）、ヨドバシカメラ（藤沢家）、マツモトキヨシホールディングス（松本家）、ニトリ（似鳥家）、大塚家具（大塚家）、ファーストリテイリング（柳井家）、ジャパネットたかた（高田家）、ソフトバンク（孫家）大塚商会（大塚家）、楽天（三木谷家）、出光興産（出光家）、ブリヂストン

（石橋家）、ライオン（小林家）、伊藤ハム（伊藤家）。

以上は一部ですが、「小さい会社だから同族企業、大きい会社だから同族企業ではない」、ということではないのですね。

ドラッカーはこう言っています。

世界中において、ほとんどの企業が同族企業である。同族経営は中小企業に限定されない。

（『未来企業』）

同族であっても仕事ができない人を働かせてはいけない

「私はこの会社に入社して25年経ちますが、やっと部長です。社長のご子息は入社してたった3年で専務です。そんな不満を言う人はいません。専務は社長の後継者として、入社されたのはみんながわかっていますから。」

その同族の方が、真摯さがあり、仕事ができる人であれば問題ありません。仮に、人柄に問題があり、仕事もできず、組織に迷惑をかけたり、人の士気を下げるようなことをすれば、そうはいきません。人の心は微妙ですね。

「社長のせがれは、仕事もろくにしないで、やりたい放題じゃないか。ラスベガスで遊んだお金なんて会社で払えんぞ。それを放って置く社長も社長だ。みんなうんざりしている。」

なんてことになり兼ねません。専務に就いたのであれば、専務としての役割を果たし、部長に就いたのであれば、部長として成果を上げてもらわなければなりません。

同族の人間ということで過度な期待をかけ、高い役職を与えたにも関わらず、真摯に仕事に向き合ってくれなければ、幹部をはじめ社員の不満に思うのは当然のことです。

あまりにも目に余る不適切な人事を放置しておくことは、会長や社長の信頼性まで揺らいでしまいます。そうなれば、優秀な人は辞めてしまいます。組織は健全性を損ね、成果をあげる力を失い、事業はどんどん弱くなっていきます。

ドラッカーはこう言っています。

同族企業は、一族以外の者と比べて同等の能力をもち、少なくとも同等以上に勤勉に働く者でないかぎり、一族の者を働かせてはならない。（『未来企業』）

アメリカの化学メーカーであるデュポンは大手でありながら同族企業です。実際、デュポンは創業者の家系の人であれば、誰でも入社することができました。しかし、入社した以降は、たとえ同族であっても、特別扱いしたり、贔屓《ひいき》されることは一切なく、仕事ができなければ、辞めさせられたそうです。

原理原則に則って経営を行っている会社は、働き人の士気は常にいい状態に保たれ、事業は成長していきます。

ドラッカーは、さらにこう言っています。

トップマネジメントのポストの一つには必ず一族以外の者を充てなければならない。（『未来企業』）

トップマネジメントのポストとは、経営陣のことです。

同族会社であっても、経営陣は同族だけで固めない方がいいということですね。リーバイスというブランドで知られる、アメリカの大手ジーンズメーカーであるリーバイ・ストラウス社は、創業家でない人が、ＣＯＯ（最高執行責任者）兼社長をつとめています。

1．たとえ同族であっても、特別扱いや依怙贔屓（えこひいき）をしない。
2．経営陣に、同族ではない人を置く。

ぜひ御社が同族会社の場合、反映の原則に則って事業を進めてください。そのほうが、より繁栄の可能性が高まるからです。

POINT

- **同族であっても仕事ができない人を働かせてはならない。**
- **同族だからといって、特別扱いや贔屓《ひいき》をしていけない。**
- **経営チームに同族ではない人を必ず置く。**

09

その人は90歳まで現役だった

人生は65歳から

「年を重ねただけでは、人は老いない。理想を捨てた時に初めて人は老いるのです。歳月は肌にしわを刻むかもしれませんが、情熱を無くすと、魂はしわだらけになってしまう。」

こう言ったのは、アメリカの実業家、サミュエル・ウルマンです。

話しは変わります。

地方に住むある人がいました。その人は、ペンキ塗りで日当を稼ぎ、路面電車の車掌をやりました。鍛冶屋でも働き、保険のセールスマンもやりました。ランプを製造売する会社を起ち上げて社長になりましたが、その会社は倒産してしまいました。タイヤを売る営業マンとして一から出直しました。ガソリンスタンドの経営を始めましたが不況の影響を受けて経営は破綻しました。その後、大手のガソリンスタンドの店員となり、そのガソリンスタンドにレストランをつくって大きな成功を収めました。ところが、レストランは火事で全焼してしまいました。必死にレストランを再建しましたが、業績不振で事業を売却し、一文無しになりました。その時、その人は65歳でした。彼はたった1万円を元手に、わずか8年で600店のフランチャイズ・チェーンをつくりました。彼は65歳のときに一文無しになり、65歳のときに事業家としてスタートし、90歳まで現役で活躍しました。

「人生は65歳から。」

そう言ったのは、カーネル・サンダースです。

次は、第1章で紹介したドラッカーの言葉です。

65歳の定年退職が間違っていることは、誰の目にも明らかである。今日の65歳定年は、まったく健康で元気な人たち、能力も意欲もある人たちをゴミ箱に捨てているようなものである。これからの時代においては、人生も仕事も、65歳から再スタートするという事実を受け入れなければならない。（『変貌する経営者の世界』）

65歳から新たなスタートを踏み出さなければならない、既にそんな時代になっていま す。

私たちの生き方が根本的に変わった

会社に定年はあっても人生に定年はありません。誰もが豊かに生き、人生を意義あるものにするために、社会に何らかの貢献をしていきたいという気持ちが終わることはありま せん。

ドラッカーはこう言っています。

> 知識労働者は何歳になっても終わることがない。文句は言っても、いつまでも働きたい。とはいえ、三〇歳のときには心躍る仕事だったものの、五〇歳ともなれば、退屈する。だが、あと二〇年とはいかないまでも、一〇年、一五年は働きたい。したがって、第二の人生を設計することが必要となる。（『明日を支配するもの』）

2017年あたりから、『人生100年時代』という言葉を聞くようになりました。人生が長くなった今、働く時間や働き方のこれまでの常識は消え、新しい常識が生まれています。今私たちはその渦中にいます。

人生100年時代になったということは、60歳くらいでは、「年取ったなぁ」などと言っていられません。まだまだ、活力をみなぎらせ、日々を若々しく生きなければなりません。60歳なんて寿命の半分を少し過ぎた程度なのですから。**70代はバリバリ働き、80代で働くのも当たり前、そんな時代がすぐそこまで来ています。**

すると、先程お伝えしたドラッカーの言葉は、「70歳ともなれば、退屈する。だが、あと20年とはいかないまでも、10年、15年は働きたい」と、数字を変えて解釈した方が合ってそうですね。

変わったのは働き方だけではありません。私たちの人生のあり方そのものが、根本的に変わりました。生き方が変わったということですね。

自らをマネジメントしなければならない

「自分には自分に与えられた道がある。天与の尊い道がある。どんな道かは知らないが、他の人には歩めない。」

こう言ったのは、パナソニック（旧社名：松下電気器具製作所、松下電器製作所、松下電器産業）を一代で築き上げた、松下幸之助さんです。

あなたにはあなたの使命があり、私には私の使命がある。そして、あなたにはあなたしか歩めない道があり、私には私しか歩めない道がある、ということですね。

「24時間戦えますか」むかしむかし、そんなキャッチフレーズを全面に押し出した栄養ドリンクのＣＭがありましたね。今そんな言葉を使ったら。すぐに問題となり炎上します。

かつては、企業戦士として休まず働くという風潮が美徳とされていた時もありました。

バリバリ仕事をしてきた人ほど、定年退職をすると、何をしていいか、わからなくなるものです。現役時代はあまり家にも帰らす、一心不乱に働き、土日は家に居たとしても、部下から送られてくる報告書に目を通し、家の中でも仕事をしていたと思います。休みなく、働くだけでよかった。そんな時代だったのかもしれません。

人生100年時代にあって、今私たちは、これまで存在しなかった問題を考えなければならなくなっています。

ドラッカーはこう言っています。

> ナポレオン、レオナルド・ダ・ヴィンチ、モーツァルトのような偉人は、自らをマネジメントした。だからこそ、大きなことができた。もちろん、彼らは例外である。才能にせよ、生み出したものにせよ、凡人の域をはるかに超えていた。これからは、とくに秀でた才能もない普通の人たちが、自らをマネジメントしなければならない。したがって、知識労働者たる者は、これまでは存在しなかった問題を考えなければならなくなる。（『明日を支配するもの』）

ここで今、ドラッカーが言った「これまでは存在しなかった問題」とは次の5つです。

1. 自分は何者か。
2. 自分は所を得ているか。
3. 果たすべき貢献は何か。
4. 他との関係において責任は何か。
5. 第二の人生は何か。

第二の人生と聞くと、「現役を引退したあと、どう生きるか」について考えさせられるみたいですよね。

「重ねてきた年齢にふさわしい新たな展開」と言った方がしっくりきますよね。

社長を務めた多くの方が、やがて会長となり、相談役となって、役割を変えながら、事業の繁栄に貢献していかれます。本書では、後継者のメンターとして、活躍し続けることを提案しています。

価値ある人生をどう生きるか——。

誰しも一度はそんなことを考えたことがあると思います。自分の生きる道を模索する若者の多くは、

「自分は何をしたらよいか」

と考えるそうです。その問いは適切ではない、とドラッカーは言います。ドラッカーが言う、その適切な問いは、今や若者だけに限らず、年齢を重ねる節目ごとに迫ってくる気がします。

ドラッカーが、自分の生きる道を模索する若者に提示した問い――。そして、これから私たちの問いともなるであろう、ドラッカーが言った、その問いを紹介して終わります。

「**自分を使って何をしたいかである。**」

POINT

- **豊かに生き、社会に何らかの貢献をしていきたい気持ちに終わりはない。**
- **働き方だけではなく私たちの人生のあり方そのものが、根本的に変わった。**
- **普通の人たちが、自らをマネジメントしていかねばならなくなった。**

Action Point

- 会長の責任は、社長に成果をあげさせること。
- 会長は、自分が果たすべき貢献の内容を明らかにする。
- 会長は、社長のメンターとして継続的に関わり成果をあげる。
- 会長は、社長と週1回50分のヒアリングを行う。
- 会長は、組織が自分と社長の板挟みにならないようにする。
- 会長にとってしっくりくるものを増やし、しっくりこないものをなくす。
- 社長は、会長への報告の仕方を決める。
- 社長は、会長に「聞いていない」という不意打ちに遭遇させない。
- 社長は、サクセションプラン（後継者育成計画）を行う。

あとがき

最後までお読み頂きありがとうございます。

1人の後継者に事業を引き継げば、その後継者はやがて潰れてしまいます。経営の仕事は1人の人間がこなせる仕事ではないからです。

ドラッカーは**「新種のスーパーマンを育てることはできない。現在の人間を持って、組織をマネジメントしなければならない。」**と言っています。

経営チームをつくり、何人かの人たちと役割分担して、日々の経営を進める状態を作り上げるしかありません。

後継者の育成とは「経営チームをつくること」です。経営チームをつくることが「最も安全な世代交代」であり、経営チームで組織をマネジメントすることが「最も安全な事業承継」なのです。将来のために、今日から経営チームをつくってください。

御社のさらなる繁栄を祈りつつ。

山下　淳一郎

注釈——本書で使っている役職名について

【本書で使っている役職名】

会社法で定められている会社の正式な役職名は、「取締役」と「代表取締役」だけです。それ以外の役職名は、それぞれの会社が独自に使っている呼称です。本書では、会社法で定められた役職名に縛られず、企業が日常の中で使っている「会長」、「社長」、「副社長」、「専務」、「常務」「取締役」と言った呼称を使っています。

・会長職について

会長は、社長を退いた人が就くことが多く、一般的に社長の上に位置づけられます。経営から完全に離れる会長もいれば、代表権を持って「代表取締役会長」として、経営の仕事に携わる人もいます。一方、会長兼社長という肩書きを付けている人もおり、実態は会社によってまちまちです。

・社長職について

多くの会社は、「代表取締役社長」、または、「代表取締役」という役職名で、代表権を持っています。しかし、社長だからといって、社長という役職を持っている人すべてが権限を持っているとは限りません。事業を起ち上げたオーナー社長、事業を引き継いだ二代目以降の社長のほかに、代表権を持たない「取締役社長」という役職名の方もおります。

・CEOについて

ＣＥＯは、Chief Executive Officer（最高経営責任者）の略で、海外で使われはじめた呼称です。それをそれぞれの会社が独自で使っているだけです。その他、ＣＳＯ（Chief Strategy Officer 最高戦略責任者）、ＣＭＯ（Chief Marketing Officer 最高マーケティング責任者）、ＣＦＯ（Chief Financial Officer 最高財務責任者）、ＣＨＯ（Chief Human Resource Officer 最高人事責任者）なども同じです。

参考文献

本書執筆にあたり、次の著作の一部を引用しております。

● 『日本に来たドラッカー 初来日編』（山下淳一郎）同友館
● 『ドラッカーが教える最強の経営チームのつくり方』（山下淳一郎）総合法令出版
● 『新版 ドラッカーが教える最強の経営チームのつくり方』（山下淳一郎）同友館
● 『ドラッカー5つの質問』（山下淳一郎）同友館
● 『事務と経営』一般社団法人日本経営協会
● 『ドラッカーセミナーテキスト』一般社団法人日本経営協会
● 『ドラッカーの経営哲学』（ドラッカー著 日本経営協会編）一般社団法人日本経営協会
● 『新しい社会と新しい経営』（ドラッカー著 現代経営研究会訳）ダイヤモンド社
● 『企業とは何か』（ドラッカー著 上田惇生訳）ダイヤモンド社
● 『非営利組織の経営』（ドラッカー著 上田惇生訳）ダイヤモンド社
● 『ドラッカー365の金言』（ドラッカー著 上田惇生訳）ダイヤモンド社
● 『ポスト資本主義社会』（ドラッカー著 上田惇生訳）ダイヤモンド社
● 『チェンジ・リーダーの条件』（ドラッカー著 野田一夫訳）ダイヤモンド社
● 『明日を支配するもの』（ドラッカー著 上田惇生訳）ダイヤモンド社
● 『P・F・ドラッカー経営論集』（ドラッカー著 上田惇生訳）ダイヤモンド社

●『現代の経営 上』（ドラッカー著 上田惇生訳）ダイヤモンド社
●『現代の経営 下』（ドラッカー著 上田惇生訳）ダイヤモンド社
●『マネジメント 上』（ドラッカー著 上田惇生訳）ダイヤモンド社
●『マネジメント 中』（ドラッカー著 上田惇生訳）ダイヤモンド社
●『マネジメント 下』（ドラッカー著 上田惇生訳）ダイヤモンド社
●『経営者の条件』（ドラッカー著 上田惇生訳）ダイヤモンド社
●『イノベーションと企業家精神』（ドラッカー著 上田惇生訳）ダイヤモンド社
●『創造する経営者』（ドラッカー著 上田惇生訳）ダイヤモンド社
●『実践する経営者』（ドラッカー著 上田惇生訳）ダイヤモンド社
●『未来企業』（ドラッカー著 上田惇生訳）ダイヤモンド社
●『知識社会への対話』一般社団法人日本経営協会
●『上杉鷹山』（童門冬二）学陽書房
●『松明は自分の手で』（藤沢武夫）ＰＨＰ研究所
●『机二つ、電話一本からの冒険』（澤田秀雄）日本経済新聞社
●『成功は一日で捨て去れ』（柳井 正）新潮文庫
●『一生九拝』（柳井 正）新潮文庫
●『社長の習慣』（宮端清次）祥伝社
●『マイ・ドリーム』（バラク・オバマ著 白倉三紀子／木内裕也訳）ダイヤモンド社
●『ユニクロ世界一をつかむ経営』（月泉 博）日本経済新聞出版社

■著者　山下 淳一郎（やました・じゅんいちろう）

ドラッカー専門のトップマネジメントコンサルタント
トップマネジメント株式会社 代表取締役

東京都渋谷区出身。外資系コンサルティング会社勤務時に企業向けのドラッカーを実践する支援を行う。中小企業役員と上場企業役員を経て、ドラッカーの理論に基づく経営チームのコンサルティングを行うトップマネジメント株式会社を設立。現在は、「ドラッカー後継者育成プログラム」「ドラッカー経営チームプログラム」を提供している。【著書】『ドラッカー5つの質問』（あさ出版）、『日本に来たドラッカー 初来日編』（同友館）、『新版 ドラッカーが教える最強の経営チームのつくり方 』（同友館）。【寄稿】マイナビニュース、日経MJ新聞、産経新聞、@DIME、『人材育成の教科書』（ダイヤモンド社）、『取締役になったらドラッカーを読むべき理由』（PHP研究所）、『ドラッカーに学ぶ成功する経営チームの作り方』（ITmedia エグゼクティブ）、『ドラッカーに学ぶ人材育成のあり方』（企業と人材）、『成果をあげるマネージャーの８つの特徴』（新R25）。

【連載】『Drucker Management Skill』（月刊BOSS）、『ドラッカーで読み解く大統領のリーダーシップ』（経済界）、『ドラッカーに学ぶ人事の決定』（人事マネジメント）、『致知』等。

■トップマネジメント株式会社

ドラッカー専門の経営チームコンサルティングファーム
企業経営者に「後継者の育成」、「経営チームの構築」の支援を行っている。
〈公式URL〉https://topmanagement.co.jp/

■後継者育成プログラムに関するお問い合わせはこちら

メールは、info@topmanagement.co.jp
お電話は、03-4405-9175

2020年1月20日　初版第1刷発行

ドラッカーが教える最強の後継者の育て方

©著　者　山下 淳一郎

発行者　脇 坂 康 弘

〒113-0033 東京都文京区本郷3-38-1

発行所　株式会社 同友館

TEL.03(3813)3966

FAX.03(3818)2774

https://www.doyukan.co.jp/

落丁・乱丁本はお取り替えいたします。　三美印刷／松村製本所

ISBN 978-4-496-05456-3　Printed in Japan